Karsten Demant

Kleiner Ratgeber für Studienanfänger

AF220356

Karsten Demant

Kleiner Ratgeber für Studienanfänger

Bibliografische Information der Deutschen Nationalbibliothek:
Die Deutsche Nationalbibliothek verzeichnet diese Publikation
in der Deutschen Nationalbibliografie; detaillierte bibliografische Daten sind im Internet über dnb.dnb.de abrufbar.

© 2022 Karsten Demant
Herstellung und Verlag: BoD – Books on Demand, Norderstedt

ISBN: 9783756203185

Inhaltsverzeichnis

Kleiner Ratgeber für den Beginn eines Studiums

Vorwort

Sobald das Studium begonnen hat, geht es sofort an die Arbeit, sich das erste fachbezogene Wissen anzueignen. Sogleich wird die Frage aufkommen, wie bewältige ich am besten die mir gestellten Aufgaben? Wie gehe ich vor? Wie schaffe ich es, dass das Gelernte behalten wird und es auch umgesetzt werden kann? Wie kann ich mir Inhalte aus der Fachliteratur erarbeiten? Dieser bescheidene Ratgeber hat sich das Ziel gestellt, den Studienanfänger eine kleine Stütze zu sein und mögliche Richtungen aufzuzeigen, damit gute Ergebnisse in der Studienarbeit erzielt werden können. Es sind allgemeine Hinweise und Ratschläge, die den Sinn haben, einen schnelleren Zugang zu den geforderten Aufgaben im Studium zu bekommen. Doch sollte man die Empfehlungen nicht als absolut auffassen, da jeder seine Eigenart des Studienstils entwickeln wird. Die Beanspruchung der Lernenden ist sehr unterschiedlich. Jeder zeigt einen anderen Zeit- und Kraftaufwand bei der Erledigung des vorgegebenen Lerngegenstandes. Es werden gleiche Lernaufgaben sehr unterschiedlich bewältigt. Es soll hier aber nur die Form gegeben werden, den Inhalt erfüllt jeder selbst nach seinen Gewissen und vorhandenen Möglichkeiten. Es ist ein Leitfaden, wo grobe Fehler vermieden werden können, da diese das Studium erschweren und letztendlich die Ergebnisse mildern. Es geht um das Finden einer gewissen Technik des Studierens und einer Erhöhung der Effektivität im Lernprozess. Bei den hohen Anforderungen im wissenschaftlichen Studium wird sich jeder die Frage stellen, warum studiere ich und was mache ich hier überhaupt? Wer darüber gründlich nachdenkt, wird diese Frage in irgendeiner Form beantworten. Hat man sich dann doch eindeutig für das Studium entschieden, ist es ein gewaltiger Schritt in der persönlichen Entwicklung eines Menschen. Ein Studium trägt persönliche Konsequenzen in sich, welches die Familie, die Freizeit, Freunde und den weiteren Umkreis berührt. Das wissenschaftliche Studium bedarf einer gesunden Einstellung und einer großen persönlichen Bereitschaft. Das eigene Verhalten wird auf das zu erreichende Ziel genau ausgerichtet. Jeder Student wird mit der Zeit feststellen, dass eine Zunahme des Wissens ebenfalls sein Verhalten verändert. Man nimmt äußere Erscheinungen in einer bestimmten Wertigkeit auf. Die Einsicht in vielen Dingen ändert sich, welche gepaart ist mit dem Willen, etwas wissen zu wollen. Es sind zwei gestaltende Elemente, die einen angehenden Studenten beherrschen, die Idee und seine Persönlichkeit. Die Idee ist studieren zu wollen, die seine Persönlichkeit prägen wird und diese wiederum verwirklicht die Vorstellung gepaart mit dem eigenen Willen. Der Wille formt die Persönlichkeit und das Lernen ist der „Grundvorgang der Persönlichkeitsentwicklung".[1] Gemeint ist die „physische und psychische Entwicklung eines Menschen zur vollwertigen Persönlichkeit".[2] Der Student muss in der Lage sein, dass Studium selbst zu bestimmen, wie man was am besten bewältigt. Diese gewonnene Einsicht verändert sein Handeln und seine Entwicklung bekommt eine positive Richtung. Er ergreift Partei für das fortschreitende, sich entwickelnde nützliche und erkennt schnell gesellschaftliche Erfordernisse. Stellen sich die ersten Erfolge im Studium ein, wird er

---

1   Günter Clauß / Helmut Kulka / Joachim Lompscher / Hans-Dieter Rösler / Klaus-Peter Timpe / Gisela Vorwerg: Wörterbuch der Psychologie. 2. unveränderte Auflage, Leipzig: VEB Bibliographisches Institut 1978, S. 312

2   Ebd., S. 389

8

wohlwollend feststellen können, das eine gute Einstellung zum Studium den Erfolg maßgeblich beeinflussen kann. Es ist eine neue Stufe der Qualität im persönlichen Leben erklommen worden. Der Wille führt zum Ziel.

Ich wünsche viel Erfolg.

Ich bin jetzt Student. Was bedeutet das für mich?

Ich habe mich für ein Direktstudium an einer der höchsten Bildungseinrichtungen der Wissenschaft entschlossen. Dieser Schritt ist an große Erwartungen und einigen guten Vorsätzen geknüpft. Ein weiterer Abschnitt im Leben eines Menschen wird damit beschritten. Doch welches Ziel, welches Motiv steckt in mir, den Weg eines wissenschaftlichen Studiums zu gehen? Ist es der Drang, viel Geld und Anerkennung in der Gesellschaft zu empfangen oder der Weg in die Wissenschaften einzudringen, sich stetig allseitig weiterzubilden, um eine bestimmte berufliche Entwicklung zu erlangen oder ist es vielleicht auch noch ein Interesse an Forschung? Wenn man sich aber nicht im Klaren darüber ist, warum man einen Studiengang anstrebt, fehlen einem dann schon einige Voraussetzungen für eine schnelle Entwicklung einer aktiven und notwendigen Studienhaltung? Das soll aber auf keinen Fall heißen, dass derjenige sich nicht gut genug entwickelt. Es ist nur mit mehr Aufwand verbunden. Stellt man Überlegungen über das Motiv an, so wird man feststellen, das es einen Zusammenhang mit den real existierenden umgebenden gesellschaftlichen Bedingungen gibt, die letztendlich die Menschen in all seinen Facetten prägen. Schon allein die Frage, ob ich nur für mich allein studiere, um einmal bei großen Unternehmen eine Anstellung zu bekommen oder liegt mir auch das Wohl der Gemeinschaft mit am Herzen, lässt ein Abbild der Gesellschaft erkennen. Diese Überlegungen sind schon ein erster Ansatz eines wissenschaftlichen Denkens.

Ein Studium bedarf einiger *finanzieller Mittel*. Wer nicht darüber verfügt, hat die Möglichkeit, verschiedene Ausbildungsförderungen in Betracht zu ziehen. Ein BAföG, ein Bildungsfonds oder ein Studienkredit können hier die sichere finanzielle Grundlage eines Studiums geben. Eine gute Hilfe bietet das

Bundesministerium für Forschung und Bildung oder die betreffende Hochschule oder Universität, wo das Studium absolviert wird.

Jeden Studenten muss bewusst sein, dass er in einer Zeit von tiefgreifenden Veränderungen und Entwicklungen studiert. Die Fortschritte in Wissenschaft und Technik und die gegebenen politischen Verhältnisse stellen immer wieder von Neuem hohe Anforderungen an den schaffenden Menschen. Hat er das Studium mit Erfolg abgeschlossen, so hat er sich Fähigkeiten angeeignet, um diese Entwicklungen im Berufsleben mitzugestalten. Im Studium wird der Student zur Lösung wissenschaftlicher Aufgaben herangeführt. Entwickelt sich dann noch eine Begeisterung für Forschung und wissenschaftlichen Kenntnissen, ist er in der Lage, mit einer hohen Effektivität und wissenschaftlicher Orientierung sie in der Praxis verantwortungsbewusst anwenden zu können.

Wissenschaftliche Kenntnisse – anwendungsgerechtes Wissen – Fertigkeiten

Lernen, Denken und Anwenden bilden eine organische Einheit. Wir gehen bewusst an die uns gestellten Aufgaben heran. Eine zielgerichtete bewusste Tätigkeit, um sich die notwendigen Kenntnisse und Fertigkeiten anzueignen. Ein Lernen, welches zu Wissen und Können führen soll. Wissen heißt Kenntnisse besitzen. Das Denken erfasst den Gehalt, um den es geht. Man will etwas wissen. Um diese Aufgaben meistern zu können, sind Zielstrebigkeit, Beharrlichkeit, Fleiß, schöpferische Neugier und viel Energie erforderlich. Das sind hohe Anforderungen, doch sie dürften kein Grund dafür sein, dass Studium für eine unlösbare Aufgabe zu halten. Sollten doch einmal schlechte Tage oder Zweifel am aufgenommenen Studium aufkommen, werden sich Lehrer, Berater und Betreuer gemeinsam mit den Studierenden deren Problem annehmen.

Auf was muss man am Anfang eines Studiums besonders achten und wie halte ich es mit der Wissenschaft

Beim erlernen eines Berufes mit Hochschulabschluss ist es unerlässlich, dass man sich *Fähigkeiten zum selbstständigen wissenschaftlichen Arbeiten* auf dem zu erlernenden und ausgewählten Fachgebiet aneignet. Jeder Einzelne entwickelt für sich dabei die verschiedenen Methoden wissenschaftlichen Arbeitens, um in das Wissenschaftsgebiet tiefer eindringen zu können. Vom ersten Tag an bin ich für mein Lernprozess eigenverantwortlich. Man braucht theoretisches Grundwissen, Aneignung von Fakten, entsprechende Fachliteratur, aktuelle Dinge des erlernenden Fachgebietes und Berufes bis hin zu einer historischen Betrachtung, die einem den Entwicklungsprozess im Ganzen erschließen soll. Studieren ist und verursacht richtig Arbeit, um zu den Höhen der Wissenschaft zu gelangen. Die Wissenschaft durchdringt alle Bereiche unseres Lebens und mit dem Angeeigneten wissenschaftlichen Denken ist man besser in der Lage, neue gesellschaftliche Problemstellungen in allen Lebensbereichen schöpferisch zu bewältigen und vernünftig einzuordnen.

Ich brauche eine aktive Einstellung zum Studium

Hüten sollte man sich vor der Annahme, dass studieren nur ein Abarbeiten von vorgegebenen Aufgabenstellungen sei. Ein wissenschaftliches Arbeiten, um zu den Höhen der Wissenschaft zu gelangen, lässt sich nicht in irgendeiner Form vorschreiben oder ist an bestimmten Vorstellungen gebunden. Es ist ein Schrittweises vorgehen, wo bestimmte Entscheidungen getroffen werden und diese wiederum überprüft werden müssen. Es ist eine klare Abfolge von Kenntnisgewinnung und ein Durchdringen, bis nichts mehr fragwürdig erscheint. Ein **Schauen bis auf den Grund**, wo es nicht mehr weiter geht. Ein klares und deutliches denken, wo wir uns am Ende sicher sind. Denken und Erkenntnis ist das Prinzip und nicht der Glaube, es wird schon irgendwie funktionieren.

Wie gehe ich aber nun vor? Wie erarbeite ich mir ein brauchbares Wissen? Wie finde ich Zusammenhänge heraus? Denke ich dann über mögliche Lösungswege nach? Suche ich zum Schluss nach neuen Anwendungen und nach weiterbringenden Überlegungen? Fakt ist, es muss alles bis ins kleinste Detail durchdacht und bearbeitet werden. Nur dann gelangt man zu gewinnbringenden Lösungsansätzen. Es ist dann eine Situation eingetreten, wo man Besitz ergreift von seiner eigenen Arbeit und für weitere gewinnbringende Dinge ein offenes Ohr hat.

Man muss geistig beweglich bleiben, immer wieder die Initiative ergreifen und sich Ziele stellen. Man sagt „Am Ball bleiben". Es ist ein Streben für die Wissenschaft von Tag zu Tag. Eine bestimmte innere Haltung und ein reges Interesse am eigenen Vorhaben sind unabdingbare Voraussetzung. Nun liegt es in der menschlichen Natur, dass es Zeiten der Erschöpfung gibt. **Sportliche Betätigungen** oder ein **Bier mit Freunden** wirkt entspannend und bringt neue Kräfte zum Vorschein. Das eigene Leistungsvermögen wird deutlich, indem man erkennt, dass in bestimmten Dingen eine besondere Leistung zustande gebracht wird. Auf keinen Fall sollte man den Fehler begehen, dass alles, was sich einem in seiner Arbeit bietet, auch bewältigt werden muss. Man hat sich Ziele zu setzen, die machbar erscheinen und sinnvoll sind.

Es ist wichtig, dass Sie sich verinnerlichen, dass das **Studium** eine **aktive Haltung** erfordert und eine anstrengende geistige

Tätigkeit ist. Eine *gesunde Lebensführung*, eine bewusste Gestaltung des gesamten Tagesablaufs und eine sportliche Betätigung geben den Studenten eine innere Spannkraft und psychische Frische. Eine bestimmte Zeit für die Regeneration ist wichtig, zudem kommen die häuslichen Tätigkeiten und die familiären Pflichten dazu. Man muss zu einer Regelmäßigkeit der Abläufe finden. Dazu gehören der regelmäßige Schlaf, eine gute Körperhygiene und eine vernünftige Einstellung zum Alkoholgenuss. Nicht nur das Studium selber muss geplant werden, auch eine Planung der Freizeit bringt Ordnung und Disziplin im gesamten Leben.

Der Wille

Der Wille ist eine Seite des psychischen Lebens, man kann auch sagen, es ist ein seelischer Vorgang eines Menschen, der die Verwirklichung einer bewussten, zielgerichteten Handlung sich zum Ziel nimmt. Es ist ein Entscheidungsprozess, wo sich die Handlung im Willen äußert. Das *Lernen ist eine Willenssache*, den man als eine innere Tätigkeit erlebt. Es ist ein „bewusstes und beständiges Üben zur Aufrechterhaltung einer durchgängigen Aufmerksamkeit und, damit zusammenhängend, einen nicht nachlassenden Interesses".[3] Man muss sich Lerninhalte einprägen und durchdenken, damit alles besser verstanden werden kann und Zusammenhänge begriffen werden. Der Mensch lässt sich von bestimmten Motiven leiten, die er auf sein bestimmtes Ziel ausrichtet. Um es erreichen zu können, muss er handeln, da das Ziel das Ergebnis einer solchen Handlung ist. Es ist eine Willenshandlung, wo man den Willen verwirklicht sehen will, „eine auf die Realisierung eines Ziels gerichtete, relativ geschlossene, zeitlich und logisch

---

3   H. Smitmans: Studieren-Aber Wie?. 3. Auflage, 41. bis 60. Tausend, Berlin: Verlag Tribüne 1969, S. 49

15

strukturierte Tätigkeitseinheit".[4] Sämtliche Handlungen müssen überdacht werden und es muss ein Plan aufgestellt werden, wie das Ziel erreicht werden kann. Wir müssen uns darüber im Klaren sein, wie wir vorgehen. Erst Handeln in Gedanken, dann in der Tat. Wir haben an dieser Stelle einen Entschluss gefasst, wo unser Wille ihn ausführt. Nun geht im Leben nicht immer alles so glatt, wie man es sich vorstellt. Hindernisse müssen überwunden werden wie aufkommende Arbeitsschwierigkeiten, der Widerstand anderer Mitstudenten und innere Konflikte, die sich im Kampf unserer Motive äußern bis hin zur Wankelmütigkeit. Es ist ein ständiges Abwägen, ein Beurteilen, ein Abschätzen unserer verschiedenen Vorstellungen, unseres Verlangens und Verhaltens. Um die Hindernisse überwinden zu können, muss man nach den besten Mitteln und Wegen suchen. Der Wille zeigt sich bei der Überwindung von Hindernissen darin, dass man sich zwingt, dass zu tun, was ich als meine Pflicht ansehe.[5] Unsere Willenskraft ist das Instrument, dass die gesetzten Ziele trotz aller Schwierigkeiten erreicht werden. „Ein Mensch mit starken Willen ist imstande, das gesteckte Ziel zu erreichen und eine Sache zu Ende zu führen."[6]

Einen eigenen Arbeitsstiel entwickeln

Um ein guter Fachmann in seinem auserwählten Beruf zu werden, muss jeder Einzelne sich im Studium nutzbringende Methoden und Arbeitsweisen aneignen. Man entwickelt im wissenschaftlichen Arbeiten relativ schnell einen eigenen gewinn-

---

4   Günter Clauß et al., Wörterbuch der Psychologie. 2., unveränderte Auflage, Leipzig: VEB Bibliographisches Institut 1978, S. 221

5   Vrgl. H. Smitmans: Studieren-Aber Wie?. 3. Auflage, 41. bis 60. Tausend, Berlin: Verlag Tribüne 1969, S.186

6   Ebd., S. 181

bringenden Arbeitsstil. Es sind „die verallgemeinerten, stabilen und für ein Individuum charakteristischen Vorgehensweisen beim wiederholten Erfüllen von Klassen von Arbeitsaufgaben".[7] Diese kommen jedoch nicht von selbst. Auch hier muss man schöpferisch, findig und interessiert an die wissenschaftliche Arbeit herangehen. Mit anderen Worten ausgedrückt: *Studieren muss man regelrecht erlernen*. Eine Zeiteinteilung zur Bewältigung der vor uns liegenden Aufgaben bringt schon einmal einen großen Nutzen. Wie finde ich aber den richtigen Arbeitsstil, um einen Überblick über die Gesamtheit der zu lösenden Aufgaben zu bekommen? Hilfreich sind ein planmäßiges Arbeiten und ein Herausfinden einer Vorgehensweise, die für mich im Lernprozess am meisten gewinnbringend ist. Es ist durchaus erlaubt, bei anderen Studenten mal hinzuschauen, um einige Anregungen zu entdecken. Zweckbestimmtes, verstandes- und planmäßiges Handeln, Gewissenhaftigkeit, Disziplin, Ordnungssinn und Sauberkeit sind wichtige Grundsätze, die man verinnerlichen sollte. Dies garantiert einen zielsicheren Gang, der zu klaren Ergebnissen führt.

Den Blick auf den künftigen Beruf richten

Es ist eine Selbstverständlichkeit, dass sich schon im Vorfeld des Studiums mit den Anforderungen und den Aufgaben der späteren beruflichen Tätigkeit auseinandergesetzt wird. Berufsliebe kennt Stolz, jedoch keine Überheblichkeit. Es ist die Achtung vor jeder ehrlichen Arbeit in jedem Beruf, Berufsehre, berufstechnisches Wissen und Können, auch die kleinsten Arbeiten sorgfältig, fach- und zweckmäßig auszuführen, sowie Tüchtigkeit und Zuverlässigkeit des Charakters. Durch die Möglichkeiten eines Praktikums gewinnt man einen Einblick in

---

7   Günter Clauß et al., Wörterbuch der Psychologie. 2., unveränderte Auflage, Leipzig: VEB Bibliographisches Institut 1978, S. 46

den zukünftigen auserwählten Beruf. Nun begegnet der eine oder andere in unserer heutigen hemmungslosen offenen Welt, dass in der öffentlichen Meinung einige Berufsgruppen hoch angesehen und andere wiederum weniger geschätzt werden. Lassen Sie sich nicht von solchen Ansichten beirren. Es gibt keine Berufe, die schlecht sind. Jeder Beruf hat seinen Reiz und besitzt einen nützlichen Wert für die Gemeinschaft.

Suche Kontakt zu den Hochschullehrern

Der Kontakt zu den Hochschullehrern ist ein weiterer Baustein für ein erfolgreiches Studium. Aufgrund der Größe wissenschaftlicher Fakultäten spielen viele Faktoren eine Rolle, dass man zu recht wenigen persönlichen Kontakten zu den Hochschullehrern kommt. Auch hier heißt es richtig aktiv werden und Kontakte suchen. Eine weitere Möglichkeit ist im Rahmen der Forschungsarbeit oder zu Veranstaltungen der Studiengruppe den Kontakt mit dem Lehrkörper zu suchen, um zu erfahren, worauf es im Besonderen ankommt und wenn notwendig, gemeinsame Lösungen bei bestehenden Problemen anzugehen.

Man sollte politisch vielseitig interessiert sein

Der Studienalltag ist nicht losgelöst von den gesellschaftlichen Lebensbedingungen zu betrachten, wo bestimmte Faktoren den Lebensrhythmus des Studierenden beeinflussen. Das geht los mit der Unterbringung am Studienort, die Arbeitsmöglichkeiten in den Bibliotheken, Verkehrsanbindungen bis hin zur Heimfahrt. Wir leben alle in derselben Volkswirtschaft, die eine entsprechende praktische Politik aufweist. Mit der Beschäftigung gesellschaftspolitischer Probleme kann man sich üben in einer auf *Vernunft und Verstand* aufgebauten Wertung der Dinge. Verstand ist das Vermögen etwas zu erkennen und folgerichtig zu handeln. Verbindet man seine eigene

wissenschaftliche Arbeit mit der Wertung politischer Erscheinungen, so wird dies einen Vorteil für das spätere Leben bringen. Man begreift sehr schnell, worauf es in der Gesellschaft
ankommt und was richtig oder falsch ist.

Ist eine Zeitplanung wirklich wichtig

Das Studium und die Freizeit sollten eine organische Einheit
bilden. Es sind genaue Überlegungen anzustellen, wie das
Studium und die Freizeit am besten eingeteilt werden kann.
Das Wochenende muss in der Planung mit einbezogen werden. Was für den einen Freud ist für dem anderen Leid. Zeit-
planung und Organisation ist dem Studenten selbst überlassen. Damit steht er in einen Entscheidungsprozess „Was",
„Wann" ich „Wie" mache. Er muss eine individuelle *Zeitpla-
nung* für sein *Studium aufstellen*. Er lernt dabei, was Arbeits-
teilung bedeutet und erzieht sich selber zur Disziplin und Cha-
rakterfestigkeit. Er muss es lernen, bewusst zu planen und seine Ergebnisse einer Kontrolle zu unterziehen. Die Selbstkontrolle ist ein notwendiges Element einer zielgerichteten und
zweckmäßigen Studienarbeit, die unter eigener Verantwortung
steht. Es ist eine Selbstregulierung und eine Selbsterziehung,
wo eine innere Bereitschaft zur Kontrolle vorhanden sein
muss. Durch ein Überprüfen bekommt derjenige einen Überblick des bisher erarbeiteten und findet sogleich heraus, was
positiv oder negativ zu bewerten ist. Er fängt an zu verstehen,
was am geforderten Wissensstoff richtig gemacht worden ist,
was behalten worden ist, sind Wiederholungen notwendig und
in welchem Verhältnis Aufwand und Nutzen stehen. Sie werden sehen, mit aufsteigender Studienerfahrung perfektioniert
sich das Ganze. Es ist eine gewisse Verantwortung für den
späteren Berufsgang.

Es herrscht teilweise die Meinung, dass nachts auch noch Zeit zum Studieren sei. Nachtarbeit ist keine gute Zeit und schadet letztendlich auch der Gesundheit. Bei mehrfacher Nachtarbeit wird der Körper am Tage schnell müde. Die notwendige Energie ist nicht mehr im vollen Umfang vorhanden. Nachtarbeit sollte nur in Ausnahmefällen herhalten müssen. Man findet schnell seinen Rhythmus. Es ist auch sinnvoll, zur Schlafenszeit notwendiges und wertvolles Wissen noch einmal durch den Kopf gehen zu lassen, bis der Schlaf uns überwältigt. Hier muss allerdings ein gewisses Gefühl entwickelt werden, dass uns nicht die Gedanken den nächtlichen Schlaf rauben. Sobald man am frühen Morgen aufwacht, rufe man sich das Gelesene wieder ins Gedächtnis zurück. Diese Methode ist sehr gewinnbringend. Auch hier muss man sich daran gewöhnen, da man i. d. R. am frühen Morgen nicht an eine Wiederholung des Stoffes denkt.

Studieren heißt wissenschaftlich Arbeiten

Wissenschaftliches Arbeiten bedarf einer hohen geistigen Anforderung und ist ein wesentlicher Bestandteil der Hochschulausbildung. Für die später ausgeübte hoch qualifizierte berufliche Tätigkeit sind wissenschaftliche Erkenntnisse, eine praktische Erfahrung und eine allgemeine und fachspezifische Denk- und Arbeitsweise eine notwendige Voraussetzung. Mit einem umfassenden Literaturstudium arbeiten wir uns tiefer in die Wissenschafts- und Fachdisziplinen ein. Betrachten Sie die Bücher als ihre Diener des Wissens, wenn etwas vergessen wurde. Wir entwickeln mit der Zeit eigene Fähigkeiten für ein *effektives wissenschaftliches Arbeiten*. Nur durch die eigene wissenschaftliche Tätigkeit gelangt der Student zur wissenschaftlichen Befähigung des zukünftigen Berufes. Sie setzt bei der Auswertung von Vorlesungen an, geht über ein intensives Literaturstudium bis hin zur Einbeziehung in die Forschung. Es ist eine Studientätigkeit, die von den Lehrkräften weitgehend vorgegeben wird und richtungsweisend ist.

In den Lehrveranstaltungen wie dem Seminar lernen wir die erworbenen Kenntnisse in freier Rede darzulegen und vervollkommnen unsere wissenschaftliche Arbeit mit weiteren neuen Gedanken, Ideen und fachlichen Leitsätzen. In den Vorlesungen lernen wir, sich auf das Wesentliche zu konzentrieren, indem wir den Vortrag gedanklich folgen und versuchen, den Inhalt zu erfassen, damit das Wesentliche aufgeschrieben werden kann. Die **gängigsten Formen von Lehrveranstaltungen** an einer höheren Lehranstalt sind **Vorlesungen**, **Seminare**, **Übungen** und **Tutorien**. Sie sind für eine systematische Wissensvermittlung der Aneignung von Kenntnissen fachlicher und allgemeiner Art und der Aneignung von Fähigkeiten und Fertigkeiten für ein wissenschaftliches Arbeiten unerlässlich. Nun kommt es immer wieder vor, dass man der Meinung ist, dass schon gelesene und gehörte nicht mehr relevant im Lernprozess sei. Vermeiden Sie diesen Fehler.

Ein guter Geist verharrt nicht

Es steht dem heutigen Menschen ein unzähliger Wulst an Informationen zur Verfügung. Viele Neigen deshalb dazu oder verfallen in den irrsinnigen Glauben, über einen Sachverhalt hinreichend aufgeklärt zu sein und alles schon zu wissen glauben, weil die betreffende Sache schon früher einmal oder in ständiger Wiederholung (z. B. Propaganda) an einem herangetragen wurde. Dies trifft nicht nur in ihrer Ausbildung zu, sondern ganz besonders im gesellschaftlichen Leben. Die öffentliche Meinung wird geprägt durch die herrschende Politik und ihren Medien. Der Einzelne läuft hier Gefahr, nicht mehr zugänglich für neue Erkenntnisse oder anderer Ansichten zu sein. Man bleibt im Prinzip auf einer bestimmten Stelle stehen, ohne sich qualitativ im Denken noch zu verändern. *Ein guter Geist verharrt nicht beständig auf einen Punkt der Ansicht*, sondern entwickelt und passt sich den neuen Erkenntnissen und Erfordernissen entsprechend an und hinterfragt die Dinge. Seien Sie aufgeschlossen und verschaffen sich erst die nötige Kenntnis. Damit erreichen sie einen höchstmöglichen Effekt im Studium und im täglichen Leben.

Die Vorlesung

In einer Vorlesung wird eine wissenschaftliche Thematik zusammenhängend dargeboten, die eine innere Logik auszeichnet. Logik ist die Fähigkeit, folgerichtig zu denken. Genau darauf kommt es an, vor allem bei den Prüfungen. Es soll auf keinen Fall aus dem bisher angeeigneten Wissen irgendwelche Zusammenhänge geraten werden, sondern es kommt darauf an, sie aus der Logik heraus abzuleiten und erklären zu können. Sie ist die traditionellste und für den Studenten neueste Form der Wissensvermittlung. Sie stellt die Basis und die fachliche Richtung für ein eindringen in die auserwählte Wissenschaftsdisziplin dar und steht meistens in einen engen Zusammenhang mit den anderen Lehrveranstaltungen. Der Student bekommt damit einen weitgreifenden geschlossenen Überblick über das zu erlernende wissenschaftliche Fachgebiet, wo Kenntnisse vermittelt werden, Denk- und Arbeitsweisen eine fachliche Richtung bekommen, wissenschaftliche Fragen sich herauskristallisieren und inhaltliche Voraussetzungen für die spätere berufliche Tätigkeit hergestellt werden. Auf eine *Vorlesung* sollte man sich recht *gut vorbereiten*, um ihr auch geistig folgen zu können. Es wird eine Menge an Informationen geboten, die geistig durchdacht und geordnet werden müssen.

Diese Arbeit beugt der eigenen Unsicherheit im Reproduktionsprozess des erlernten Wissens vor.

Beschäftigen Sie sich mit den inhaltlichen Dingen, die in der bevorstehenden Vorlesung behandelt werden. Verbinden Sie die vorgebenden Schwerpunkte mit ihren bisher gemachten Aufzeichnungen. Mit einer solchen entsprechenden Vorkenntnis für die Vorlesung wird das Verständnis des behandelnden Stoffes wesentlich erleichtert und Sie sind in der Lage, brauchbares und nützliches auszuwählen und schriftlich aufzuzeichnen. Damit sind Sie gut gerüstet. Schon alleine deshalb, da die Vorlesung eine durchgängige Konzentration verlangt. Mit der Zeit gehen Sie nicht mehr schwermütig an die Aufgaben heran, sondern verspüren einen gewissen inneren Drang, etwas wissen zu wollen. Es fängt an, ein bisschen Spaß zu machen.

Eine Grundvoraussetzung für einen gelungenen Besuch der Vorlesungen ist das <u>Zuhören</u>. Zuhören bedeutet, den Vortragenden förmlich an den Lippen hängen. Es ist eine geistige Arbeit, die ein ständiges aufmerksames Zuhören, eine volle Konzentration auf das Gehörte erfordert, ein ununterbrochenes Aufrechterhalten bzw. ein Rückbesinnen der eigenen Aufmerksamkeit und ein rationelles Mitschreiben verlangt. Sie unterscheiden Wesentliches von Unwesentlichen und versuchen ihr eigenes Gedankengebilde sinnvoll in der behandelnden Thematik einzuordnen. Beim Zuhören erfolgt ein kritisches Werten des Gehörten. *Fehlt* das dafür *notwendige Wissen*, kommt man zwangsläufig in Schwierigkeiten und versteht den Inhalt des wissenschaftlichen Vortrags nur noch in Bruchstücken und im schlimmsten Fall überhaupt nichts mehr. Das wäre dann der Beginn der *Theorie hinterherzulaufen*. Eine weitere Erscheinung ist, dass man während der Vorlesung nicht mehr bei der Sache ist, wenn sie zu langweilig erscheint oder zu schnell vorgetragen wird. Der Student ist dann nicht mehr in der Lage, den notwendigen Rhythmus von Zuhören und Mitschreiben zu finden. Was einem dann nur noch übrig bleibt, ist ein intensives Nacharbeiten des erforderlichen Wissens. Einige Studenten werden sich immer wieder fragen, dass ein gleichzeitiges Zuhören, Denken und Mitschreiben unmöglich sei. Viele Studenten verfallen dann in den Wahn, so viel wie möglich zu Papier zu bringen, in der Hoffnung fasst alles schriftlich erfasst zu haben. Hier bleibt das Mitdenken auf der Strecke. **Vermeiden** Sie deshalb ein **wörtliches Mitschreiben**. Es kommt auf den Inhalt der Vorlesung an, wo nach Schwerpunkten oder einer gewissen Ordnung der Vorgehensweise das Ganze erfasst werden muss. Besonderen Wert sollte man auf Definitionen, Gesetze, Formeln und Beweise legen. Um Zusammenhänge verstehen zu können, sind Vermerke von eigenen Gedanken eine echte Hilfe. Ein solches Mitdenken ist schon eine hohe qualitative Form der geistigen Aktivität.

Geistige Aktivität ist die Verarbeitung und das Begreifen des erlebten wissenschaftlichen Vortrages. Wir nehmen es in unserem vorhandenen Wissensschatz auf. Ein **Einprägen, um zu verstehen**. Es ist ein trennen vom Wesentlichen und Unwesentlichen und ein Begreifen des Lehrstoffs. Jeder gute Hochschullehrer gibt den Studenten Hinweise, die zu beachten sind. Das erleichtert die Arbeit. Aufkommende Fragen und Antworten werden sofort notiert. Schriftliche Aufzeichnungen machen sich am besten mit losen Blättern oder einen Schreibblock mit abreißbaren Blättern. Der Vorteil liegt im schnelleren Ordnen und Zusammenfügen gemachter Mitschriften. Lassen Sie genügend Platz frei, der durch einen Rand gekennzeichnet ist, um schnelle Gedanken, Ergänzungen und Erweiterungen zu vermerken. Kennzeichnen Sie Ihre einzelnen Mitschriften mit einer Seitenzahl. Fällt Ihnen das Ganze einmal aus der Hand oder vom Tisch, braucht man nicht ewig nach der richtigen Reihenfolge zu suchen. Hilfreich ist ebenfalls ein farbiges Unterstreichen. Machen Sie sich eine kleine Legende, wo Sie wissen, welche Farbe für was zuständig ist. Hat man die Vorlesung hinter sich gebracht, macht man sich an die Auswertung heran. Sie dient dem geistigen Verarbeiten und dem Vervollkommnen des fachlichen Inhalts, wo ergänzt, geordnet und verbessert wird. Es werden somit Ziele eines Lehrgebietes dargestellt, die eine Übersicht der Dinge möglich macht.

Die Nachschrift der Vorlesung

Es ist selbstverständlich, dass die Mitschrift einer Vorlesung noch einmal durchgearbeitet, vervollständigt und berichtigt werden muss. Es wird alles geistig verarbeitet und zum bereits erworbenen Wissen eingegliedert. Sei es der Übersichtlichkeit halber, einer besseren lesbaren Schrift, einer fachlichen Richtigstellung und der Vollständigkeit wegen. Man hat die Gelegenheit, eigene Gedankengänge und erarbeitete Zusammenhänge und Aussagen aus Zusatzliteratur zu Notieren und mit einzuarbeiten. Mit einer solchen *Nachschrift* haben wir einen sauberen, *klaren und übersichtlichen Gesamtblick* des Themas der Vorlesung erarbeitet. Ein zusätzliches markieren, wie schon oben erwähnt, mit Unterstreichungen und einem farblichen Hervorheben gibt der Sache noch eine bessere Übersichtlichkeit. Diese Arbeit wird in allem für Sie allmählich zur Gewohnheit und ist der Ausdruck ihres wissenschaftlichen Arbeitsstils.

Das Seminar

In den ersten Semestern eines Studienganges ist das *Seminar* eng mit den *Vorlesungen* verbunden, die für jeden Studenten eine höhere Lernanforderung abverlangt. Es ist ein auf

Wissen und Können gerichtetes Lernen, dass sich vor allem aus dem Inhalt und der Struktur des Lerngegenstandes ergibt, „dass heißt des anzueignenden Systems von Begriffen, Aussagen, Methoden, Normen und Werten."[8] Man setzt sich mit aufkommenden Fragen, Problemen oder Zusammenhängen auseinander. Es werden Behauptungen bewiesen oder widerlegt, Definitionen werden begründet und verschiedene Lösungsansätze entwickelt. Ein *intensives Vorbereiten* in Form von schriftlichen Unterlagen ist *ein Muss*. Ansonsten bleibt das Seminar für einen Studenten ohne nennenswerten Erfolg. Die Seminare bieten für jeden Einzelnen eine gute Gelegenheit, dass bisher erarbeitete, in vielen Richtungen zu ergänzen. In einem Seminar kommt es zwangsläufig zu wissenschaftlichen Diskussionen, die einen großen Erkenntnisgewinn mit sich bringen. Zudem übt man sich schon im wissenschaftlichen Argumentieren. Versuchen sie sich auf folgende Punkte zu konzentrieren:

1. Einen Überblick zum Seminarthema verschaffen. Welche Zielsetzung und welche Schwerpunkte habe ich.
2. Erarbeitung der fachlichen Literatur durch Selbststudium. Hier helfen die gemachten Vorlesungsmitschriften.
3. Alles schriftlich festhalten. Aufstellung kurzer und treffender Thesen.
4. Klärung auftretender Fragen vom Selbststudium. Frage im Seminar sofort bei auftretenden Unklarheiten.
5. Aktive Beteiligung an wissenschaftlichen Diskussionen. Lernen einer sachlichen Diskussion. Kritik als notwendigen Bestandteil zur Überprüfung eigener Gedanken

8   Günter Clauß et al., Wörterbuch der Psychologie. 2., unveränderte Auflage, Leipzig: VEB Bibliographisches Institut 1978, S. 311

aufnehmen. Fasse Kritik im positiven Sinne und nicht im negativen Sinne auf.

6. Am Ende werden alle Ergebnisse aus dem Seminar ausgewertet und ergänzt.[9]

Eine weitere anspruchsvolle Aufgabe sind Seminarreferate. Hier trägt der Student seine Ergebnisse des bisher erworbenen Wissens vor, was zu einer Diskussion führen soll. Durch ein **Seminarreferat** werden die **eigenen Fachkenntnisse erweitert** und an die Kommilitonen weitergegebenen. Sie lernen dabei die Kunst des Vortragens und klaren Sprechens. Der Gegenstand muss genau abgegrenzt werden, gut gegliedert und übersichtlich sein. Man halte die Einleitung auf das Thema kurz. Die Schwerpunkte und vorgestellten Lösungen und Beweise sind deutlich hervorzuheben. Dazu können bestimmte gezielte Mittel wie ein Flipchart oder die Tafel eingesetzt werden. Mit der Zeit bekommen sie ein Gefühl für die inhaltliche und methodische Gestaltung eines Referats oder Unterrichts. Verfallen Sie nicht in den Glauben, den perfekten Seminarvortrag erarbeitet zu haben. Versuchen Sie sich auf das "Was" und "Wie" zu konzentrieren.

Die Übung

Um unsere Fähigkeiten weiter zu entwickeln, müssen wir üben. Übung ist Training und Training bedeutet eine mehrfache Wiederholung bestimmter Tätigkeiten mit dem Ziel zur Verbesserung oder der Wiederherstellung von Fertigkeiten und Verhaltensweisen. Es ist nicht so, dass dies einem nur so zufällt. Auch hier sind Vorbereitungen und eine gewisse Diszi-

---

9 Vgl. Autorenkollektiv: Rationell studieren. Ratschläge für neuimmatrikulierte Direktstudenten an den Hochschulen der DDR. 11. neubearbeitete Auflage, Berlin: Ministerium für Hoch- und Fachschulwesen 1987, S. 38/39

plin notwendig. Ein Vorzug der Übung ist die Kontrolle der erarbeiteten Ergebnisse im Selbststudium. Wie das Sprichwort sagt: *„Übung macht den Meister"*. Umso mehr man übt, umso besser wird man. Hier liegt die Kraft für die nächsten Schritte im Studium. Es ist wie bei einem Leistungssportler, er muss auf seiner Strecke gut trainieren, damit er den hohen Anforderungen gerecht wird. Das stärkt das Selbstvertrauen und die Sicherheit. In der wissenschaftlichen Arbeit wird man gewissenhafter und fester im Charakter und der Blick nach vorn ist geradliniger und zielorientierter.

Tutorium

Nun liegt es in der Natur der Sache, dass es dem Studenten notwendig erscheint, dass er bei dem einen oder anderen Thema Unterstützung braucht. Es geht um das *Begreifen der Sache*. Doch wer gibt mir die nötige Hilfe, wenn die bisherigen Lehrveranstaltungen den Studenten noch nicht zum nötigen Erkenntnisgewinn verholfen haben? Das Tutorium. Dem Studenten wird mit einem Tutor die Möglichkeit geboten, den Stoff einer Lehrveranstaltung zu wiederholen und zu festigen. Ein Tutor hilft und steht mit seinem bisher erworbenen Wissen und Ratschlägen den Studenten in den ersten Semestern hilfreich zur Seite. Der *Tutor* selber ist in den meisten Fällen ein Student eines höheren Fachsemesters und unterstützt zugleich den Dozenten als studentische Hilfskraft. Der *Sinn* liegt im *intensiven Wiederholen* und der *Absicherung des* bis dahin *erworbenen Wissens*. Auf jeden Fall sollte man eine solche Möglichkeit ergreifen. Es ist ein hervorragend ergänzender Teil zur Übung.

Die Methode

Der Mensch in unserer heutigen Epoche ist unzählig vielen Informationen ausgesetzt. Für den einfachen, arbeitenden und

Werte schaffenden Menschen in unserer heutigen Gesellschaft werden die Dinge des Lebens von den bestimmenden Kräften in einer Gesellschaft so weit heruntergebrochen, dass es für viele schnell und leicht annehmbar ist. Ein anderer kleiner Teil verspürt einen andern inneren Drang. Er will *hinterfragen, was da passiert und warum es passiert.* Man möchte nicht nur bei der Erscheinung halt machen, sondern ist bestrebt, mit der Gabe eines gesunden Menschenverstandes, sich die Kenntnis über die Ursachen zu verschaffen. Eine solche Herangehensweise kommt nicht von selbst. Es ist das Resultat einer ständigen Beschäftigung mit wissenschaftlichen Dingen. In diesem Beispiel ist es Ursache und Wirkung (Erscheinung). Gemeint ist der jeweilige *Erkenntnisstand*, der sich im Tun eines Menschen als sehr nützlich erweist. Es versetzt einem in die Lage, annähernd *richtige Urteile* zu *fällen* und Unwahrheiten von Wahrheiten zu unterscheiden. Erweitert man diese erworbenen Kenntnisse, verspüren viel eine tiefe innere Befriedigung. Die gesellschaftlichen Bedingungen prägen den Menschen, in denen er aufwächst. Er gewöhnt sich an vieles. Doch durch die Gewohnheit werden die Mängel nicht mehr so wahrgenommen. Der Mensch gewöhnt sich an die gegebenen Umstände und wird bequem. Damit bestimmt die Gewohnheit den Menschen mehr als die sichere Erkenntnis der Dinge. Es werden Urteile gefällt durch *blinden, anerzogenen gesellschaftlichen Trieb.* Wenn sich ein Mensch entschieden hat zu studieren, dann heißt das nicht nur später einen gut bezahlten Beruf ausüben zu können, sondern auch, dass man etwas wissen will. Flache Darstellungsweisen in jeglicher Art wird ein jeder wissenschaftlich arbeitende Mensch von sich weisen. Doch welche Methode muss ich anwenden, um zu tiefgreifenden wissenschaftlichen Kenntnissen zu gelangen? In der Wissenschaft muss letztendlich alles bewiesen und begründet sein. Und genau das ist der Punkt. Es muss auf die zu beobachtende Sache bezogen, ein sehr **genaues Urteil** gefällt werden, welches **der Wahrheit** entsprechen sollte. Um diesen Anforderungen gerecht zu werden, müssen bestehende Probleme in Einzelteile zerlegt werden, bis man zu einfachen, leicht zugänglichen Abschnitten gelangt. Es wird alles so weit heruntergebrochen, dass man das kleinste Teil erkennt und sämtliche Zusammenhänge prüft. Dann werden die beobachteten Einzelteile wieder zusammengesetzt und überprüft, ob das Ganze in sich schlüssig ist und ein System darstellt. Ist das Geschehen, verschafft man sich einen Überblick, ob alles beobachtete zusammenpasst. Bei einer solchen wissenschaftlichen Arbeit ist es unvermeidlich, dass Zweifel über gewisse Dinge aufkommen. Derjenige sei beruhigt, denn über den Zweifel fängt jeder Mensch an, die Dinge zu hinterfragen. Man ist bestrebt, den Zweifel aus der Welt zu schaffen. Das Ergebnis einer derartigen Herangehensweise sind klare Handlungen und ein voranschreiten im Leben und keine Fantastereien. An dieser Stelle möchte ich darauf hinweisen, dass der Mensch doppelt irren kann. Einmal in der untersuchenden Sache und zum anderen, dass er selber von sich glaubt, sich nicht zu irren. Aus diesem Grund muss alles immer wieder überprüft werden.

Doch welche Lernmethode ist am rationellsten? Hier noch einmal eine ausführliche Darstellung einer wissenschaftlichen Herangehensweise. Das heißt mit geringem Aufwand das Beste herauszuholen. Das ist die Zielsetzung. Wenn man intensiv lernt, verbraucht der Körper Energie. Aus diesem Grund muss man etwas dafür tun, dass man körperlich und geistig fit ist. Wenn man gelobt wird und sich Erfolge zeigen, oder man bekommt einen Tadel und hat Ärger, so wirkt sich das auf unsere Leistung im Lernen aus. Auch ist der Mensch von Natur aus bestimmten Schwankungen unterworfen. Deswegen ist ein planvolles Vorgehen notwendig mit einem bestimmten Ordnungsprinzip. Auf keinen Fall sollte man irgendein Element wahllos herausgreifen und isoliert voneinander betrachten, nur weil es zur notwendigen Aufgabe gehört. Es ist ein schrittweises Vorgehen vom Äußeren, Unwichtigen und Nebensächlichen zum gesuchten Wesentlichen und Hauptsächlichen. Dann legen wir das Ganze frei, um es unserer Untersuchung zugänglich zu machen. Schwierige Fragen werden in viele Einzelfragen zerlegt. Bei dieser ganzen Systematisierung der Gedanken beginnen wir mit dem einfachsten und fasslichsten. Das gibt uns die Möglichkeit, stufenweise zum Schwierigen und Komplizierten zu gelangen. Bei der Erforschung des Wesens einer untersuchenden Sache sollten eine vollständige Aufzählung und eine umfassende Übersicht von Einzelheiten aufgestellt werden, damit beim Erkennen nichts verloren geht und ausgelassen wird. Dieser Vorgang wird *Analyse* genannt. Die Ganzheit einer bestimmten Erscheinung oder des jeweiligen zu untersuchenden Erkenntnisobjekts wird gedanklich in seine Bestandteile, Element und Eigenschaften zerlegt. Das versetzt uns in die Lage, einen Gesamtüberblick über das zu analysierende Ganze zu bekommen. Einzelne Teile werden in ihrer Eigenart, Funktion, Beschaffenheit, Stellung und Ursache erfasst und ausgewertet. Also ein Zerlegen in alle Bestandteile. Die Analyse und *Synthese* bilden eine Einheit und sind nicht voneinander zu trennen. Mit ihr werden wir das in einzelne Teile zerlegte, wieder zu einem Ganzen zusammenführen. Auch hier erfolgt die Arbeit planvoll und geordnet. Der Sinn der Synthese ist, dass innere Wesenszusammenhänge eindeutig und logisch für uns erkennbar gemacht werden. Das Zusammengefügte sollte eine neue qualitative Erkenntnisstufe auszeichnen.

„Zusammengefasst sollten Sie deshalb die analytisch-synthetische Lernmethode in folgenden Ablauf anwenden:

1. Nehmen Sie zunächst den Gesamteindruck des betreffenden Lerngegenstandes auf, betrachten Sie ihn als Ganzes und bemühen Sie sich dabei um ein möglichst vollständiges Einordnen in Ihr bisheriges Lerngebäude.

2. Zergliedern Sie nunmehr systematisch das Untersuchungsobjekt in seine logisch erkennbaren Teile und Elemente. Verschaffen Sie sich dabei gründlichen Einblick in die Struktur der Teilsysteme.

3. Versuchen Sie dann die Funktion der Einzelteile einerseits für sich und andererseits innerhalb des Struktur- bzw. Kopplungsnetzes des Ganzen möglichst eindeutig zu bestimmen.

4. Heben Sie dabei die strukturbestimmenden Teile eindeutig hervor.

5. Machen Sie sodann die wechselseitigen Beziehungen, Zusammenhänge und Abhängigkeiten der wichtigsten Teile nach gründlicher Untersuchung sichtbar (hierbei leisten Ihnen Schemata, Grafiken usw. wertvolle Dienste).

6. Fügen Sie das solchermaßen Zerlegte und Analysierte wieder sinnvoll zusammen, ordnen Sie es dabei nach Ihren gewonnenen Einsichten und Erkenntnissen neu in ein höherwertiges Ganzes ein, und schätzen Sie dieses neue Ganze auch aus Ihrem erweiterten Gesichtskreis neu ein.

7. Stellen Sie dabei Vergleiche des Objekts und seiner Beurteilung vor bzw. nach dem analytisch-synthetischen Vorgehen sowie zu ähnlichen Objekten fest.

8. Begründen Sie das Gemeinsame bzw. das Unterschiedliche zwischen den verglichenen Objekten und Ihrer jeweiligen Einschätzung.

9. Überlegen Sie anschließend, welche Schlussfolgerungen Sie aus Ihrem analytisch-synthetischen Vorgehen im konkreten Fall, aber auch generell für Ihre weitere Lern- und Berufspraxis ziehen können bzw. ziehen müssen."[10]

Das *Grundprinzip* ist, dass man *von der Oberfläche ins Innere* und *mit höherer Qualität zurückgeht*. Diese Methode fördert den Verstand und den Geist. Hält man sich daran, so gewöhnt man sich mit der Zeit an eine solche Vorgehensweise, die zu untersuchenden Gegenstände reiner und bestimmter in seiner Art zu erfassen. Die Gedanken sind immer unter Kontrolle zu halten. Richten Sie sich nicht nach irgendwelchen schwachen Vermutungen, sondern nach klaren und festen Gründen. Dann ist man in der Lage, sichere Schlüsse zu ziehen.

Das Einprägen und Behalten von Wissen
Alles dreht sich um das Einprägen und Behalten von Wissen aller Art. „Wenn das Einprägen den Charakter einer speziellen Arbeit hat, die mit der Anwendung bestimmter Verfahren zur besten Aneignung der Kenntnisse verbunden ist, wird es Lernen genannt."[11] *Lernen ist der Grundstock, worauf alles aufbaut* und ein Erkennen von Zusammenhängen fällt einem leichter. Doch wie trainiere ich mein Gedächtnis? Gibt es ir-

---

10 H. Smitmans: Studieren-Aber Wie?. 3. Auflage, 41. bis 60. Tausend, Berlin: Verlag Tribüne 1969, S. 40/41

11 Günter Clauß et al. Wörterbuch der Psychologie, VEB Bibliographisches Institut Leipzig 1978, S. 97

gendwelche Methoden, die mir das Einprägen von Wissen erleichtern und damit den Erfolg garantieren? Die Frage kann im Allgemeinen mit „Ja" beantwortet werden. Es ist die Wiederholung des Gelernten. *In der Wiederholung liegt die Kraft.* Das neu hinzugekommene Wissen sollte den ersten Tag mehrmals wiederholt werden. Der darauffolgende Tag dient der Überprüfung des behaltenen Wissens. Der Wissensverlust wird damit deutlich und man weiß, wo man noch einmal ansetzten muss. Ist das neuerworbene Wissen dann vollständig reproduzierbar, verknüpfe und wiederhole man es mit den nächsten Schritt der Wissenserweiterung. Der ganze Stoff ist im Gedächtnis ständig zu durchdenken. Inwieweit der Einzelne in der Lage ist, bestimmte Mengen zu lernen, sei dahingestellt. Es bleibt aber der Grundsatz, nicht alles auf einmal lernen zu müssen, sondern in kleinen Schritten, die nacheinander aufbauend ins Gedächtnis gelangen. Die Gedächtnisleistung wird sich somit erhöhen. Will man dann feststellen, wie das Ganze reproduziert werden kann, so solle man es mit eigenen Worten wiedergeben. Man wird noch einige Baustellen feststellen können, wo Ergänzungen vorgenommen werden müssen. Dies fördert den weiteren Prozess der Festigung des Stoffes im Gedächtnis. Ist dann ein Level der Zufriedenheit erreicht worden, fühlt man sich in der Lage, Dinge gut zu gliedern und stoffliche Beziehungen und Zusammenhänge besser verstehen zu können. Eine gute Hilfe ist, dass bisher schriftlich erarbeitete, so weit zu komprimieren, dass am Ende durch Stichpunkte das Erlernte wiedergegeben werden kann.

Werden wir konkret. Jeder ist bestimmt schon einmal in eine Situation gekommen oder hat ein Ereignis miterlebt, welches einem lebhaft in Erinnerung geblieben ist. Es ist ein unbeabsichtigtes Einprägen. Ein Studium erfordert aber wissenschaftliche Kenntnisse. Wir müssen vieles Lernen und merken, da es nicht von selbst kommt. „Es ist ein beabsichtigtes, vorsätzliches und bewusstes Einprägen nötig."[12] Hier spielen Umfang und Dauer eine ganz entscheidende Rolle. Man *muss wissen, was ich mir Einprägen muss* und wie ist der Zeitaufwand meiner Handlungen. Aus diesem ganzen Wulst an Lerninhalten und nötigen Literaturstudien sind die inhaltlichen, gehaltvollen Gedanken und deren Beziehungen zueinander das Fundament unseres Wissens, welches wir im Gedächtnis behalten müssen. Gemeint ist hier der sogenannte „rote Faden" mit den notwendigen Literaturquellen. Äußerst hilfreich dabei sind selbst angefertigte Notizen oder Skizzen. Versuchen Sie eine gewisse Chronologie des Lernstoffes zu erblicken, wo einzelne Daten, Feststellungen, Gesetze, Beweise usw. untereinander verbunden werden. Das erleichtert die Arbeit um einiges. Man erarbeitet sich damit gewisse Ausgangspunkte, die richtungsweisend sind. Diese Arbeitsweise und der Erfolg des Lernens sind an einige Grundsätze gebunden. Erster Grundsatz ist die *richtige Einstellung zur wissenschaftlichen Arbeit* des Lernens. Der gestellten Aufgabe, sich etwas einzuprägen, ist alles andere unterzuordnen. Ist dieser Grundsatz verinnerlicht worden, fällt einem das Lernen auch leichter. Zugleich sollte man gewillt sein, das Wesentliche für einen längeren Zeitraum einprägen zu wollen. Geht man hier zu lasch an die Sache heran, ist der Erfolg in Zweifel zu ziehen. Das Beste ist, gleich mit dem Ziel an die Arbeit zu gehen, alles für immer im Gedächtnis zu behalten. Ein weiterer Grundsatz für eine aktive Lerneinstellung ist die Aufmerksamkeit. *Aufmerksamkeit* heißt Konzentration und diese bedingt eine innere körperliche Anspannung. Lernstoffe müssen mit voller Konzentration

---

12 B. M. Teplow: Psychologie. Auflage 21. bis 40. Tausend, Berlin: Volk und Wissen Volkseigener Verlag 1953, S. 95

der Aufmerksamkeit bewältigt werden. Unaufmerksamkeit benötigt Zeit und macht im Ergebnis unzufrieden. In diesem Zusammenhang sei auch erwähnt, dass es eine sehr schlechte Methode ist, alles so lange durchzuarbeiten, bis es sich von selbst einprägt. Ein vernünftiges und rationelles Lernen ist hier angesagt. Ist jetzt endlich der feste Entschluss gefasst worden, mit der notwendigen Einstellung wissenschaftlich zu arbeiten und zu lernen, gehen wir folgendermaßen vor. Der vorgegebene wissenschaftliche Lernstoff wird gründlichst durch studiert mit der festen Absicht, ihn auch zu verstehen. Ein Einprägen durch Verstehen. Alles Wesentliche wird vermerkt, was man sich merken muss. Eine eigene sinnvolle Gliederung des Lernstoffes mit zusätzlichen eigenen Gedankengängen. Gemeint ist ein gedankliches Verbinden der markierten Lerninhalte. Es hat den Vorteil, dass wir es besser verstehen und damit im Gedächtnis behalten.

Der nächste Schritt ist, dass herausgearbeitete mit eigenen Worten wiederzugeben und mit dem betreffenden Lernstoff zu vergleichen. Damit wird geprüft, wie viel vom Stoff behalten wurde. Es folgt die Selbstkontrolle mit den Stichpunkten und schaut, ob etwas vergessen wurde. Es wird alles noch einmal durchgearbeitet und überprüft, ob Fehler gemacht worden sind. Der letzte Schritt ist die Wiederholung. In der Wiederholung liegt die Kraft gegen das Vergessen. Lassen Sie sich bei den verschiedenen Schritten etwas Zeit, dass erhöht die Wirksamkeit des Einprägens. Kommen Sie ja nicht auf den Gedanken, alles auf einmal Erledigen zu wollen. Finden Sie zudem noch eine Möglichkeit, mit jemanden über das Gelernte zu reden, festigt sich der Stoff schneller und bringt eventuell noch neue interessante Ansätze hervor, die wichtig sein können. Gehen Sie kurz vor dem Schlafengehen noch einmal das Ganze durch. Es festigt den Stoff am besten. Mit anderen Dingen sollte man sich danach nicht mehr befassen, da sich dadurch die Wahrscheinlichkeit vergrößert, vieles wieder zu vergessen. Will man dann noch einen daraufsetzen, wird das neu Gelernte mit dem bereits Angeeigneten verbunden. Es ist wie eine Treppe, wo Stufe für Stufe das Wissen aufgebaut wird. Zusammenfassend kann gesagt werden, dass es wirklich wichtig ist, dass Sie genau wissen, was unbedingt gelernt werden muss und verschaffen sie sich immer wieder einen **Überblick des bisher Gelernten**.

Ohne Buch geht gar nichts

Ein bedeutender Grundpfeiler im gesamten Lernprozess ist das Studium der Literatur. Wer viel liest, weiß auch viel. Hierin liegt die außerordentliche Bedeutung des Literaturstudiums. Unter Literatur ist vieles zu verstehen. Es sind die Lehrbücher, die allgemeine Fachliteratur, Nachschlagewerke, Dokumentationen, Wörterbücher, Lehrbögen, Zeitschriften, Zeitungen und das Internet. Im Literaturstudium sollte man sich immer vor Augen führen, dass primäre Literatur die Grundlage bildet und die sekundäre Literatur als das nachträglich hinzufügende und ergänzende betrachtet wird. Zusammenfassend kann gesagt werden, unter Literatur sind alle schriftlich festgehaltenen Texte zu verstehen. Für den Studenten stehen wissenschaftliche Schriften oder Texte seines Faches im Vordergrund. Es ist ein geistiger Arbeitsprozess eines wissenschaftlichen und praktischen Suchens, ein Finden und Lösen von Fragen und Problemen. Die vorhandene Literatur muss sorgfältig ausgewählt werden.[13] Beim Durcharbeiten der Literatur geht es um das Begreifen des wissenschaftlichen Inhalts, um Fremdwörter

---

13 Vgl. H. Smitmans: Studieren-Aber Wie?. 3. Auflage, 41. bis 60. Tausend, Berlin: Verlag Tribüne 1969, S. 84

und Fachausdrücke. Hierzu sind entsprechende Nachschlagewerke ein unmittelbares Handwerkszeug, um diese richtig erklären zu können. Machen Sie sich kleine Handzettel, wo schlecht zugängliche Definitionen des Einprägens aufgeschrieben werden. Das erleichtert Ihnen das Einprägen von Definitionen und Begriffen. Nun kommt es vor, dass man liest und liest und trotzdem kein befriedigendes Ergebnis erreicht. Gönnen Sie sich eine Pause. Dies hilft, da sich Ihr Geist ein wenig entspannt. Der Wissensdurst stellt sich dann von alleine wieder ein. Gewöhnen Sie sich daran, *nach den einzelnen Abschnitten* der vorgegebenen Literatur eine *kurze Zusammenfassung* anzufertigen. Es dient des besseren Einprägens und der eigenen Selbstkontrolle. Um eine noch schnellere Übersicht zu bekommen, brechen Sie ihre gemachten Zusammenfassungen auf das Wesentlichste in Stichpunkten herunter. Es genügt dann nur noch ein Blick und man ist im Bilde.

Es wurde schon darauf hingewiesen, wie hilfreich ein Anmerken im Buch ist, sofern es sich um Ihr Eigenes handelt. Entwickeln sie dafür ein eigenes System, wo Sie Wichtiges, Neues, Thesen, Definitionen u. v. m. schnell finden und interpretieren können. Eine selbst erstellte sichtbare Legende hilft zur schnelleren Einordnung. Unterstreichen Sie aber nicht zu viel. Ist man in der Arbeit der Literatur versunken, merkt man am Ende, dass zu viel angestrichen wurde. Hier hat man einen Fehler gemacht, wenn am Ende dann ein Wirrwarr an Farben herrscht. Um diesen Effekt aus dem Weg zu gehen, verwenden Sie Buchstaben. Ein Beispiel wäre für Definitionen ein D, was man üben sollte ein Ü, ein W für Wiederholungen und für alles, was einen wichtig erscheint ein!

Verschiedene Möglichkeiten von schriftlichen Aufzeichnungen

Es gibt verschiedene Herangehensweisen, um aus einer Literaturquelle die nützlichen inhaltlichen Aussagen in komprimierter Form schriftlich festzuhalten. Dazu ist es als Erstes notwendig, sich mit dem **Aufbau des Buches** zu **befassen**. Anhand des Aufbaus, der im Inhaltsverzeichnis ersichtlich ist, dem Klappentext und den Informationen zum Titel erhält man einen Überblick und ersten Eindruck, wie und was dem Leser mitgeteilt werden soll. Wir bekommen damit einen Einblick in den gedanklichen Aufbau der Lektüre und einen Vorgeschmack der zu behandelnden Thematik. Jetzt steht für jeden die Entscheidung an, für welche Art des Buchauszuges ich mich entscheide. Ist es das **Exzerpt** oder gehe ich einen Schritt weiter und erarbeite ein **Konspekt**.

Das Exzerpt

Exzerpieren bedeutet aus Büchern oder Schriften das herauszufiltern, was von dem behandelnden Stoff für die eigene Arbeit die wichtigsten Aussagen sind. Es wird der Sinn eines Buches, Lehrstoffs oder Textes in komprimierter Form mit eigenen Worten wiedergegeben. Das Gelesene wird auf das Wesentlichste reduziert. Als Erstes verschafft man sich einen **Überblick über den Aufbau** (innere Gliederung) der zu lesenden Lektüre. Jetzt beginnt die eigentliche Arbeit, indem der **Inhalt des Buches** oder Textes **gedanklich erfasst wird** und die wichtigen Stellen markiert werden. Das hervorgehobene, welches wir markiert haben, wird nun mit **eigenen Worten** kurz und prägnant **wiedergegeben**. Lassen Sie etwas Platz für Ihre Randbemerkungen. Denken Sie daran, dass alles, was Sie schriftlich notiert haben, die Herkunft der Literaturquelle erfordert. Geben Sie daher grundsätzlich die Seitenzahlen der Literatur an. Jeder wörtliche Auszug muss schnell auffindbar sein. Folgende bibliografische Angaben sind zu machen: Autor, Titel, Auflage, Verlag, Ort und Erscheinungsjahr oder Datum. Mit einem Exzerpt ist man jeder Zeit in der Lage, den Inhalt der Primärquelle zu reproduzieren, ohne Sie noch einmal in die Hand nehmen zu müssen. Das ist der Sinn eines Exzerptes.

Das Konspekt

Ein Konspekt ist eine **_übersichtliche schriftliche Ausarbeitung_** über ein gelesenes Werk, Vortrags oder anderes in gedruckter Form. Eine Zusammenstellung der inhaltlichen Schwerpunkte eines Buches oder Textes **_mit eigener Auffassung_**, die **_mit eigenen Worten_** wiedergeben werden, um einen schnelleren Zugang des Inhalts zu bekommen. Es ist ein erarbeiteter Inhaltsauszug, wo das Thema, die Gedankengänge, die Methode, die Ergebnisse und die Aussagen in knapper strukturierter Form zusammengefasst werden. Der Unterschied zum Exzerpt ist hier, dass der gesamte Text berücksichtigt werden muss unter einer besonderen Fragestellung des betreffenden Themenbereiches. Es bedarf einer speziellen Arbeitstechnik, um die Hauptgedanken eines Werkes in systematischer, straffer und sinngemäßer Zusammenfassung eines Buches zu fixieren. Die Erstellung eines Konspekts ist eine echte selbstständige wissenschaftliche Arbeit. Es handelt sich um die inhaltliche Erfassung des Werkes, einer übersichtlichen und präzisen Darstellung der eigenen Meinung mit einer kritischen Wertung des studierten Werkes.

Der Vorteil liegt in einem schnelleren Zugang zum Inhalt und einem späteren Ergänzen von überholten Auffassungen, die deutlich (farbig) erkennbar gemacht werden. Vergessen Sie nicht, das Datum jedes Mal zu vermerken. Es ermöglicht ein rationelles Arbeiten im Studium. Ordnen Sie ihre gemachten

Aufzeichnungen nach Fach und Datum. Eine Wissenskartei über Definition und wertvollen Aussagen rundet diese wissenschaftliche Arbeit ab. Sie werden sehr schnell die Methode des wissenschaftlichen Arbeitens zu schätzen wissen. Denken Sie daran, dass Sie wirklich alle markierten Stellen oder Zitate bei der wörtlichen Wiedergabe des zu studierenden Werkes peinlichst genau mit Ausführungszeichen ausweisen.

„In jedem Fall ist im Konspekt zu vermerken

1.	der Titel des Werkes und sein Autor,
2.	der Verlag und das Erscheinungsjahr,
3.	die Verweise auf entsprechende Seitenzahlen im Buch und
4.	der Zeitpunkt der Konspektausarbeitung."[14]

Konspekt = Eine Darstellung des gesamten Inhalts eines Werkes in gekürzter Form.

Exzerpt = Ein erarbeiten von speziellen Auszügen eines Werkes.

Rationelles Lesen

Für einen geistig arbeitenden Menschen ist das Literaturstudium elementar. Auch beim Lesen geht man nicht spontan an die Arbeit heran und liest drauf los. Es ist ein geistiger Arbeitsprozess, der durch eine bestimmte Herangehensweise effektiv gestaltet werden kann. Um einen ersten Eindruck eines Buches zu bekommen, liest man erst den Klappentext, das Inhaltsverzeichnis und das Vorwort rasch durch. Es ist ein sogenanntes diagonales Lesen. Es genügt, um sich von der Zweckmäßigkeit der Sache zu überzeugen. Der nächste Schritt ist ein Durchlesen, wo Unterstreichungen und Merkzei-

---

14 H. Smitmans: Studieren-Aber Wie?. 3. Auflage, 41. bis 60. Tausend, Berlin: Verlag Tribüne 1969, S. 92

chen vorgenommen werden. Die Hauptarbeit liegt dann im gründlichen Durcharbeiten, wo jeder einzelne Satz und Gedanke geistig verarbeitet und durchgegangen werden muss. Man arbeitet sich Schritt für Schritt nach vorn, um dass inhaltliche Ganze zu erfassen. Während des Lesens stellen wir uns geistig auf den zu lesenden Stoff ein und dringen immer tiefer in die Gedankenwelt des Textinhalts ein. Geübte sind teilweise in der Lage, nachfolgende Gedankengänge des durcharbeiteten Textes schon vorwegzunehmen. Dies bedarf allerdings einer guten fachlichen Grundlage des jeweiligen wissenschaftlichen Gebietes. Es geht hierbei nicht um die Schnelligkeit des Lesens, sonder um gründliches Lesen. Ein schnelles Lesen wirkt sinnlos, wenn man nichts versteht. Im Laufe des Studiums wird dann dem einen oder anderen auffallen, wenn man sich komplett auf den zu lesenden Stoff konzentriert, dass der Effekt der Kenntnisgewinnung sich erhöht. Ein konzentriertes Lesen ist an Bedingungen gebunden. Ihr Bewusstsein muss sich voll auf den zu lernenden Lesestoff ausrichten, sämtliche Störungen jeglicher Art sind zu vermeiden, entsprechende Lichtverhältnisse müssen geschaffen werden, eine ordentliche Sitzgelegenheit muss vorhanden sein und ein Interesse am Stoff mit einer klaren Zielstellung. Das Umfeld muss stimmen. Damit sind wir wieder beim "Willen". Der feste Wille, sich auf eine Aufgabe zu konzentrieren.

Nun liegt es in der Natur der Sache des Menschen, dass er bestimmte seelische Regungen aufweist, die durch äußere Einflüsse wie Ärger, Bedrücktheit, Stimmungslage bis hin zu einer inneren Unruhe hervorgerufen werden. Eine Grundvoraussetzung für ein konzentriertes Arbeiten ist, dass man solche Störungen, die einem von einer erfolgreichen Arbeit ablenken, auch innerlich bewältigt. Man muss es lernen abzuschalten, um sich auf vorgenommene Dinge voll konzentrieren zu können. Im wissenschaftlichen Literaturstudium geht es nicht darum, dass man einfach liest, sondern wir müssen das Wesentliche vom Unwesentlichen herausfiltern, um eine effektive Kenntnisgewinnung zu erreichen. Kenntnisgewinnung heißt, Kenntnisse aneignen und sie erweitern.

Dazu muss allerdings der Leser über die Bedeutung der Wörter sich im Klaren sein. Verfügt der Student oder der Leser über wenig Kenntnisse des Lesestoffs, werden die Schwierigkeiten umso größer, wenn die richtige Bedeutung der Wörter einem nicht klar ist. Es ist aber nicht nur die Kenntnis über die Bedeutung der Wörter alleine, sondern die vorhandene Weltanschauung spielt ebenfalls eine wichtige Rolle, da durch ihr die Wörter eine falsche Bedeutung bekommen können. Man interpretiert das Gelesene letztendlich falsch. Es kann daher festgestellt werden, dass die Leseleistung und Begreifen vom geistigen Entwicklungsstand des Lesers abhängt. Ein hohes allgemeines Bildungsniveau erzeugt logischerweise auch eine größere Leseleistung. Ein gutes praktisches Beispiel gibt das Internet. Bei den Kommentaren zum Weltgeschehen zum Beispiel, wo ein und derselbe Lesestoff oder Kommentar unterschiedliche Schwierigkeiten bei den Lesern oder Verbraucher aufkommen lässt. Umso höher der Schwierigkeitsgrad bestimmter Aussagen ist, umso größer ist die Verständnisunfähigkeit. Ein schwieriger Lesestoff setzt auch eine Verständnisfähigkeit voraus. Nun ist ebenfalls für einen einigermaßen gebildeten Menschen erkennbar, dass die heutigen Massenmedien in der geistigen Erkenntnisgewinnung des Menschen nicht gerade förderlich sind. Klassiker sind tabu und statt einer guten Bildung der Menschen zu sorgen, bevorzugt man eine schmalspurige Ausbildung.

Trotzdem weist die Informationsaufnahme eines jeden Menschen gewisse Grenzen auf. Lange Lesezeiten ziehen Ermüdungserscheinungen nach sich. Es ist wie beim langen Autofahren, wo die Technik Sie warnt, eine Pause einzulegen, um sich besser auf den Verkehr konzentrieren zu können. Denken Sie daran, dass Lesepausen wirklich wichtig sind.

Das Seminar

Bei einem Seminar handelt es sich um eine Unterrichtsform, die der wissenschaftlichen Vertiefung dient und vor allem von einem Dozenten abgehalten wird. Das Seminar ist die eigentliche Quelle der Erkenntnisgewinnung durch Kommunikation. Es bietet den Studenten eine vielfältige Möglichkeit zur systematischen Ergänzung seiner bisher erarbeiteten wissenschaftlichen Unterlagen. Die Aufzeichnungen, die in den Vorlesungen und im Selbststudium angefertigt worden sind, können im Seminar vervollständigt werden. Es werden Fehler korrigiert, Beispiele werden gegeben, individuelle Fragen werden beantwortet, neue Ideen eingearbeitet oder notiert bis hin zu gewinnbringenden Verbesserungsvorschlägen. Es versetzt den Studenten in die Lage, eine eigene Kontrolltätigkeit über das bisher erarbeitete auszuüben, um Wissenslücken zu schließen. Durch den Austausch mit dem Dozenten, der das Seminar leitet, erschließen sich Fragen aus dem Selbststudium, dem aufkommen von neuen Gedankengängen, interessanten Betrachtungen, Berichtigungen aus dem nicht verstandenen von Vorlesungen und einer Ausrichtung auf die nächsten Schritte des Studiums. Zudem sind Seminare ein willkommenes Mittel bei bevorstehenden Prüfungen. Man übt sich im freien Sprechen und guten Formulierungen von Gedanken und Fragen. Anhand der gebrauchten Wörter ist ersichtlich, wie weit man Dinge begriffen hat oder noch weiter nach Ergebnissen suchen muss. Schon aus diesem gesamten Blickfeld heraus ist die Notwendigkeit einer gründlichen Vorbereitung auf das Seminar ersichtlich und bietet eine Möglichkeit, mit dem Lehrkörper in Verbindung zu treten. Haben Sie keine Angst zu sprechen und zu argumentieren. Bringen Sie sich lebhaft in die Diskussion ein. Ist etwas unklar, fragen Sie. Üben Sie sich auch im Benehmen anderen gegenüber. Machen Sie keine abfälligen Bemerkungen und seien Sie nicht arrogant und überheblich. Das hat nur zur Folge, dass der andere sich in seiner Persönlichkeit verletzt fühlt und sich in der Diskussion zurückhält und für Sie selber wird das Licht dadurch auch nicht heller. Ein solches Verhalten hat in der wissenschaftlichen Tätigkeit nichts zu suchen.

Seminarvorbereitungen sind grundsätzlich in geschriebener Form anzufertigen. Bemühen Sie sich, ihre schriftlichen Vorbereitungen für das Seminar auf den Kern der Sache zu bringen. Formulieren Sie eigene Thesen und schreiben Sie sich alle Fragen auf, die einer Klärung bedürfen. Wer studiert, hat Fragen.

Die Ausarbeitung eines Referats

Ein Referat ist ein Vortrag auf einem bestimmten fachlichen Arbeitsgebiet, mit dem Sie sich gründlich befasst haben. Der erste Schritt ist das Anlegen einer Stoffsammlung zum Thema, um später einen Überblick der Sache zu bekommen. Dazu gehören Ihre bisher gemachten Aufzeichnungen, Beobachtungen, Erfahrungen, Gedanken, Fakten, Statistiken und gesammelte Artikel aus Zeitungen und Journale. Mit Zitaten sollten Sie etwas behutsamer umgehen, da diese letztendlich überhaupt nichts beweisen, sondern nur etwas belegen. Auf der Basis Ihrer zusammengetragenen Schätze wird eine zweckmäßige Anordnung der einzelnen Abschnitte erstellt, wo Ihre Hauptgedanken zum Ausdruck kommen. Äußerst hilfreich ist ein Stichwortzettel, wo Sie den gedachten Ablauf Ihres Vortrages festhalten.

Nun kann es ans eigentliche Werk gehen.

Das Referat sollte eine Einleitung (möglichst kurz halten), einen Hauptteil und ein Schlussteil (ebenfalls kurz halten) enthalten.

Im Konkreten soll es folgendermaßen aussehen:

1. Eine sachliche Darstellung von Fakten, Prozessen und Erscheinungen.
2. Eine systematische und logische, allumfassende Behandlung ihres Themas.
3. Darstellung von Zusammenhängen und Wechselwirkungen.
4. Verdeutlichung der ihm innewohnenden Gesetzmäßigkeiten.[15]

Bei dieser gesamten Darlegung des zu behandelnden Problemkreises gliedern Sie das Ganze in sinnvolle einzelne Abschnitte und Teilfragen. Das wichtigste wird hervorgehoben und in ihren Beziehungen zueinander gestellt. Es gibt verschiedene Möglichkeiten, wie Sie ihr Referat am Anfang aufstellen. Sie können es mit einer Frage, einer Hypothese (noch unbewiesenes) oder als Behauptung beginnen. Gewonnene Erkenntnisse und Zwischenergebnisse werden in die Gliederung mit eingearbeitet. Indem Sie in Ihrem Vortrag eine These (wissenschaftlich zu beweisende Behauptung) und eine Antithese (Gegenbehauptung) hervorheben und dann zum Schluss zur Synthese (Zusammensetzung) übergehen, bekommt Ihr Vortrag eine wissenschaftliche Note. Eine kurze, brillant formulierte abschließende Zusammenfassung rundet

---

15 Vgl. H. Smitmans: Studieren-Aber Wie?. 3. Auflage, 41. bis 60. Tausend, Berlin: Verlag Tribüne 1969, S. 109

Ihr Referat ab. Es ist die Leistung einer echten wissenschaftlichen Arbeit, wo wissenschaftliche Ideen, Gedanken, Argumente und gegebenenfalls Lösungen eingearbeitet werden, die sich in ihrer Klarheit und wissenschaftlichen Exaktheit auszeichnen.

Ein paar Bemerkungen zu einer Gliederung. Eine gut durchdachte Gliederung kann man nur aufstellen, wenn eine ausreichende Fach- und Sachkenntnis vorhanden ist. Ansonsten wird es eine Gliederungsaufstellung, die krampfhaft mit irgendwelchen Punkten aufgestellt wird, damit man überhaupt etwas zu bieten hat. Der Kern des Themas muss genau erfasst werden. Aus der Aufgabenstellung muss genau überlegt werden, was gefragt wird und welche Ziele erreicht werden sollen. Es soll eine Gliederung sein, wo genau abgegrenzt wird und Gegenüberstellungen vorgenommen werden mit einer entsprechenden Zusammenfügung aller erarbeiteten Gliederungsteile. Die Gliederung ist der Weg zum Ziel. Passen Sie auf, dass keine Wiederholungen und überflüssige Dinge sich vorfinden lassen.

Das Arbeiten mit Nachschlagewerken

Die menschliche Gesellschaft hat eine gewaltige Menge an Wissen über die Natur, das Denken und der Gesellschaft angesammelt, welches in den verschiedensten wissenschaftlichen Werken gespeichert wurde. Wissenschaftliche Literatur wird gebraucht. Für den Studenten ist es hauptsächlich spezielles Fachwissen, die er in den verschiedenen Nachschlagewerken abrufen kann. Der Begriff "Nachschlagewerk" ist der Oberbegriff für Lexika, Enzyklopädien und Wörterbücher. Das Lexikon bietet Sachinformationen über viele Gebiete wie Personen, Länder, Gegenstände, Pflanzen uvm. Es ist ein breit aufgestelltes Nachschlagewerk. In alphabetischer Reihenfolge werden allgemeinwissenschaftliche oder fachliche Dinge in kurzen Ausführungen über das Gesuchte gegeben. Es ist gleichbedeutend mit einer Enzyklopädie, wo man einen Überblick über das gesamte Wissen oder eines Fachgebietes bekommt. Der Sinn einer Enzyklopädie ist, das Wissen der Zeit zu sammeln und zusammenzufassen. Das Wörterbuch ist speziell in einer bestimmten Fachrichtung ausgerichtet, wie zum Beispiel das Wörterbuch der Pädagogik, das Wörterbuch der Psychologie oder dem Wörterbuch der Ökonomie. Es ist eine Informationsquelle über Begriffe, um den genauen Bedeutungsinhalt zu erfahren. Während des Studiums bleibt für den einen oder anderen einiges noch unscharf, was das Definieren betrifft. Um sich dessen Bedeutung genauer bemächtigen zu können und von einem unbekannten Sachverhalt Informationen einzuholen, sind die zur Verfügung stehenden Nachschlagewerke ein unschätzbarer Wert. Es ist eine ständige Auskunftsstelle beim selbstständigen Erarbeiten eines Wissensstoffes. Die Nachschlagewerke sind unsere Diener, wenn man etwas genau wissen will, um es besser verstehen zu können. Hat man etwas verstanden, kann man es auch besser anwenden.

Der Gebrauch von Definitionen

Es kommt immer wieder vor, dass es Schwierigkeiten gibt, wo ein Sachverhalt oder Begriff genau definiert werden muss. Man kommt in Not und fängt an, etwas zu erklären, ohne etwas definiert zu haben. Man merkt, dass eine richtige Interpretation von Definitionen gar nicht so einfach ist. Was ist aber unter einer Definition zu verstehen? Eine Definition ist eine genaue Begriffsbestimmung mit Angaben von Inhaltsmerkmalen. Das Wesen eines Gegenstandes, Eigenschaften, Beziehungen oder Prozessen werden aufs Genaueste determiniert. Das

Wesentliche oder Unterschiedliche wird mit dessen Inhalt und Bedeutung bestimmt, wo genau ersichtlich ist, was die Sache unterscheidet. Betrachtet man es letztendlich noch umfassender, so ist festzustellen, dass richtiges Definieren vom Kenntnisstand und der betreffenden Weltanschauung abhängig sein können. Gleiche Begriffe werden unterschiedlich ausgelegt oder interpretiert. Es ist ganz normal, dass es während des Studiums vorkommt, dass man für bestimmte Begriffe noch keine exakte Definition geben kann. Sie können sich aber "der sogenannten definitionsähnlichen Operationen bedienen."[16] Beschreiben Sie die äußeren Merkmale, was die betreffende Sache ausmacht und charakterisieren es. Damit bekommen Sie eine gewisse Sicherheit im Bestimmen von Dingen. Sie könne auch die Substantive ganz einfach umkehren. Am Beispiel des Begriffes "Marktwirtschaft" kann man sagen, eine Wirtschaft, die auf einen bestimmten Warenmarkt ausgerichtet ist. Man kommt damit der Definition näher, indem man hier weiß, dass es sich um eine bestimmte Wirtschaftsordnung handelt, wo die Produktion und die Verteilung von Gütern über Angebot und Nachfrage realisiert wird.

Mit dieser Methode hat man etwas Greifbares zur Erklärung des zu definierenden Begriffs in der Hand.

Ein paar Hinweise für das Selbststudium

Auch beim Selbststudium ist ein gründliches, planmäßiges und schöpferisches Herangehen die Garantie für den Erfolg. Unabdingbare Voraussetzung ist der Wille dazu. Doch wie gehe ich im Selbststudium am besten vor? Als Erstes muss der Student in einem Selbststudium darüber im Klaren sein, dass sich das

---

16 H. Smitmans: Studieren-Aber Wie?. 3. Auflage, 41. bis 60. Tausend, Berlin: Verlag Tribüne 1969, S. 164

Selbststudium von den anderen Lehrformen unterscheidet, wie zum Beispiel dem Seminar. Es besteht keine unmittelbare Kommunikation zum Lehrkörper oder den Mitstudenten. Es gibt keine direkte Rückkopplung, da der erarbeitete Wissensstoff nicht sofort mit den Mitstudenten und dem Lehrkörper überprüft werden kann.[17] Der Kontakt zu den anderen fehlt. Das setzt natürlich ein gewisses Können mit einer enormen Willenskraft voraus und trägt bestimmte Konsequenzen in sich. Der nicht vorhandene Prozess der Rückkopplung muss demzufolge anders ausgeglichen werden. Hier nimmt die geistige Vorstellungskraft eine entscheidende Rolle ein.

Was heißt das für einen Selbststudenten?

Ich muss mich beim studieren bemühen, „in die Gedankengänge, Überlegungen und Schlussfolgerungen des betreffenden Autors hineinzudenken, diese in ihrem Zusammenhang und ihrem Zustandekommen erfassen und zu werten."[18] Es ist eine Auseinandersetzung, ein fiktives Gespräch mit dem Autor in Bezug auf seine Argumente. Es ist so ähnlich wie in einem Seminar. Man geht in Widerspruch, man stimmt der Sache zu oder findet neue Gedanken, nur das hier die reale Person zur Kommunikation fehlt. Der gewaltige Vorteil einer solchen Vorgehensweise liegt in einem intensiveren Eindringen des zu lernenden Stoffes. Vergessen Sie nicht, sich selber Kontrollfragen zu stellen und Übungsaufgaben zu lösen. Ein selbstständig denkender und handelnder Mensch, der aus einem fremden Gedankengut etwas Eigenes entwickelt, zeugt von einer sich ständig ändernden Qualität. Es ist keine Informationsaufnahme, sondern eine Informationsverarbeitung, eine gedankli-

---

17 Vgl. H. Smitmans: Studieren - Aber Wie?. 3. Auflage, 41. bis 60. Tausend, Berlin: Verlag Tribüne 1969, S. 78

18 H. Smitmans: Studieren-Aber Wie?. 3. Auflage, 41. bis 60. Tausend, Berlin: Verlag Tribüne 1969, S. 78

che Umformung des Gelesenen.[19] Man muss beim Selbststudium alle Dinge zur Kenntnisgewinnung selber bewältigen. Dies bedarf einer gewaltigen inneren Festigkeit des Willens. Jeder entwickelt dabei entsprechend seinen Möglichkeiten einen eigenen Arbeitsstil und einen bestimmten Rhythmus. Ratsam und eine Art Erholung liegt im wechselhaften Lernen der einzelnen Fächer. Beschäftigt man sich zu stark und zu lange mit derselben Sache, treten schnell Ermüdungserscheinungen auf. Bemühen Sie sich immer wieder zur Selbstkontrolle und halten Sie die Zügel fest in der Hand.

Wie sind Quellenangaben zu machen (Zitierweise)

Es wird hier nur eine allgemeine übersichtliche Darstellung der drei wichtigsten Zitierweisen aufgezeigt, die nur als Orientierung gilt, da in den einzelnen Bildungseinrichtungen unterschiedliche Zitierweisen verlangt werden. Sie gibt Ihnen bekannt, welche Zitierweise bei Ihrer wissenschaftlichen Arbeit angewendet werden soll, an dem Sie sich halten müssen.

Bücher bilden die Grundlage für jede wissenschaftliche Ausarbeitung und der Aneignung von Fachwissen. Sie bilden die wissenschaftliche Quelle einer jeden qualifizierten Arbeit. Doch welche Grundsätze müssen beim Zitieren aus einer fremden Buchquelle eingehalten werden und wie wird ein Zitat im Literaturverzeichnis vermerkt? Wie grenzt man fremdes Gedankengut von dem Eigenen ab? Grundsätzlich gilt, ein übernommenes Zitat aus fremdem Gedankengut muss mit einer Quellenangabe gekennzeichnet werden.

Die Quellenangabe besteht aus zwei Teile:

1. Der Verweis im Text oder in der Fußnote. Wird immer in Ausführungszeichen gesetzt.
2. Einer genauen Angabe im Literaturverzeichnis.

---

19 Vgl. Ebd., S. 80

Es gibt verschiedene Zitierweisen, wo zwar die Angaben alle gleich sind, aber in der Anordnung Unterschiede aufweisen. Ein Zitat aus einer fremden Literaturquelle muss für den Leser in allem überprüfbar und nachvollziehbar sein. Es ist geboten, in einer wissenschaftlichen Arbeit eine einheitliche Zitierweise zu verwenden.

<u>Die Zitierweisen im Einzelnen</u>
- Harvard Zitierweise
- APA-Zitierweise
- Deutsche Zitierweise

<u>Harvard Zitierweise</u>
Die Quellenangabe steht direkt im Text hinter dem Zitat in Klammern.
(Name Jahr: Seitenzahl)
Beispiel
(Muster 2021:10)
Im Literaturverzeichnis wird die Buchquelle wie folgt angegeben: Name, Vorname (Erscheinungsjahr), Titel des Buches, Auflage, Erscheinungsort
Beispiel
Muster, Bubi (2021), Wörterbuch der Beispiele, 1. Aufl., Leipzig.

<u>APA-Zitierweise</u>

APA heißt American Psychological Association. Auch hier steht die Quellenangabe direkt im Text hinter dem Zitat. Der einzige Unterschied zwischen der Harvard-Zitierweise liegt in der Trennung durch ein Komma.
(Name, Jahr, Seitenzahl)
Beispiel
(Muster, 2021, S.10)

Im Literaturverzeichnis wird die Buchquelle wie folgt angegeben: Name, Vorname. Titel des Buches. Stadt, Land: Verlag
Beispiel
Muster, B. (2021). Wörterbuch der Beispiele. Leipzig, Deutschland: Selbst Verlag

Achtung
Beim ersten APA Zitieren im Text, wird der vollständige Name benutzt und das entsprechende Akronym wird in eckigen Klammern angegeben. (Ministry of Health [MOH], 2014).
Bei jedem weiteren APA Zitieren wird die Quelle nur noch mit dem Akronym angegeben. (MOH, 2014).

Deutsche Zitierweise
Das Besondere in der deutschen Zitierweise sind die Fußnoten. Eine hochgestellte Zahl direkt am Ende des Zitats, weißt auf die Fußnote auf der Seite unten hin. Die Angaben der Buchquelle müssen vollständig angegeben werden. Der Vorteil der deutschen Zitierweise liegt darin, dass der Lesefluss nicht durch Quellenangaben im Text gestört wird und immer einen Überblick der entsprechenden Buchquelle auf der Seite unten hat.
[1]Vorname, Name, Titel des Buches. Ort: Verlag Jahr, Seite.
Beispiel
Bubi Muster, Wörterbuch der Beispiele. Leipzig: Selbst Verlag 2021, S. 10
Die Fußnoten und das Literaturverzeichnis unterscheiden sich nur in der Angabe von der Seitenzahl.

Wenn keine Verfasser, das Jahr oder keine Ortsangabe angegeben wurden, gilt folgendes:
o.V.   = ohne Verfasser
o.J.   = ohne Jahr

o.O. = ohne Ortsangabe

Indirekte Zitate
Hier wird der Text nicht wortwörtlich an der Buchquelle über-
nommen, sondern gibt den Sinn der entsprechenden Stelle mit
eigenen Worten wieder. Es ist ein sinngemäßes Zitat. Weiter-
hin braucht man das indirekte Zitat nicht in Anführungszeichen
setzen, da es mit der Abkürzung "Vgl." (Vergleiche) gekenn-
zeichnet wird.
In der Harvard und APA Zitierweise wird "vergleiche" kleinge-
schrieben (vgl.).
In der deutschen Zitierweise wird (Vergleiche) großgeschrie-
ben (Vgl.).
Beispiel
Harvard: (vgl. Muster 2021: 10).
APA: (vgl. Muster, 2021, S. 10).
Deutsch: [1]Vgl. Bubi Muster: Wörterbuch der Beispiele. Leipzig:
Selbst Verlag 2021, S. 10.

Wenn aus der gleichen Buchquelle hintereinander zitiert wird
Wenn mehrere Zitate aus der gleichen Buchquelle zitiert werden, wird aus Gründen der Vereinfachung die Abkürzung
„ebd." (ebenda) verwendet. Der Leser weiß hiermit, dass für
das gekennzeichnete Zitat die gleiche Buchquelle gilt wie für
das vorhergehende Zitat.
Beispiel
[1]Vgl. Muster 2021: Wörterbuch der Beispiele. Leipzig: Selbst
Verlag, S. 10.
Alle weiteren Quellangaben:
[2]Vgl. Ebd., 11. oder [2]Vgl. Muster (2021): S. 11.
[3]Ebd., 12. oder [3]Muster (2021): S. 12.

Eine Buchquelle mit zwei Autoren/innen

Handelt es sich um eine Buchquelle mit zwei Autorinnen oder Autoren, müssen beide in der Quellenangabe aufgeführt werden.

Beispiel
Harvard: (Muster und Schuster 2021: 10).
APA: (Muster und Schuster, 2021, S. 10).
Deutsch: [1]Bubi Muster und Ludi Schuster: Lexikon der Beispiele. Leipzig: Selbst Verlag 2021, S. 10.

Eine Buchquelle ab drei Autoren/innen

Ab drei oder mehr Autorinnen oder Autoren müssen nicht alle in der Quellenangabe angegeben werden. Die Nennung des ersten Autors ist vollkommen ausreichend, wenn mit der Abkürzung „et al." auf die anderen Verfasser hingewiesen wird.

Beispiel
Harvard: (Muster et al. 2021: 10).
APA: (Muster et al., 2021, S. 10).
Deutsch: [1]Muster et al., Lexikon der Beispiele. Leipzig: Selbst Verlag 2021, S. 10.

Der Verweis auf fortfolgende Seiten

Muss auf mehrere Seiten verwiesen werden, kann die Abkürzung „f" für folgend und „ff" für fortfolgende genutzt werden.
Harvard: (Muster 2021: 10f). oder (Muster 2021: 10ff).
APA: (Muster, 2021, S. 10f). oder (Muster, 2021, S. 10ff).
Deutsch: [1]Bubi Muster: Lexikon der Beispiele, Leipzig: Selbst Verlag 2021, S. 10-15.

Beachte

- Das Literaturverzeichnis ist bei allen Zitierweisen alphabetisch aufgebaut.
- Die Quelle von Bildern wird hinter dem Inhaltsverzeichnis angegeben in einem separaten Abbildungsverzeichnis und direkt zum Bild.
- Das Internet ist in stetiger Veränderung begriffen, daher müssen immer die URL und das Zugriffsdatum (abgerufen am..) angegeben werden.

Exzerpt zu Schillers Antrittsvorlesung an der Universität in Jena 1789
Schillers sämmtliche Werke in Einem Bande 2. Band.
Stuttgart und Tübingen: J. G. Cotta''scher Verlag 1840
Kleinere Schriften vermischten Inhalts , S. 1002 - 1008

Vorwort

„Seine Antrittsrede als Professor der Geschichte an der Universität Jena hielt Friedrich Schiller am 26. und 27. Mai 1789. Er veröffentlichte sie im selben Jahr im »Teutschen Merkur« und zugleich als Sonderdruck der Akademischen Buchhandlung in Jena."[20] Diese Antrittsvorlesung ist beispielgebend für eine humanistische, man kann schon sagen, eine beginnende materialistische Anschauungsweise. Eine Weltanschauung, die auf Vernunft und Wahrheit basiert. Alles Dinge, die man in unserer heutigen Gesellschaft kaum noch vorfindet. Alles ist auf Geld und das eigene "Ich" aufgebaut. Es sollte uns eine Mahnung sein, die Welt zu erhalten und nicht den zerstörerischen Kräften der heutigen Zeit überlassen. Wir Menschen haben es selber in der Hand, mit Vernunft miteinander umzugehen und die Natur nicht den Profitinteressen unterzuordnen. Die heutigen gesellschaftlichen Verhältnisse sind voller Widersprüche, die nicht nur von Zufriedenheit und Glück des Einzelnen zeugen, sondern auch von Krieg und Armut. Dieses kleine Exzerpt soll anregen, einmal über diese Dinge nachzudenken.

Einleitung

Friedrich Schiller, geboren am 10. November 1759 in Marbach/Neckar, gestorben am 9. Mai 1805 in Weimar. Schiller ist einer der hervorragendsten Persönlichkeiten der klassischen

---

20 Herausgeberkollektiv, Heinrich Opitz / Hans Steußloff (Hg.): Philosophisches Lesebuch Berlin: Bd.2, Dietz Verlag 1988, S. 227

bürgerlichen deutschen Nationalliteratur. Er verfasste zahlreiche philosophische, historische und kunstkritische Schriften. Sein humanistisches Denken entspringt aus den politisch-ideologischen Widersprüchen seiner Zeit. Aus kleinbürgerlichen Verhältnissen kommend, besuchte er die Lateinschule in Ludwigsburg. Anschließend musste er auf Befehl des württembergischen Herzogs Karl Eugen die hohe Karlsschule bei Stuttgart besuchen. Es war eine militärisch organisierte Anstalt, wo staatsergebene Beamte in intellektuellen Berufen ausgebildet worden sind. Schiller studierte zunächst Jura und später Medizin. Doch sehr bald wandte er sich dem intensiven Studium philosophischer Schriften zu. 1792 wurde er zum Ehrenbürger der Französischen Revolution ernannt. Mit Goethe stand Schiller, besonders seit seiner Übersiedlung 1799 nach Weimar, in einem ständigen produktiven Gedankenaustausch. Die damaligen ökonomischen und politischen zurückgebliebenen Zustände in Deutschland prägten seine bürgerlich-humanistische Denkweise. Schiller hat schon in sehr jungen Jahren gesundheitlich sehr gelitten. Schweres Fieber und unerträgliche Schmerzen waren sein unbarmherziger Begleiter seines kurzen Lebens. Jeden hätte es nieder gerissen, aber nicht bei Schiller. Seine Krankheit stärkte seinen ungebrochenen Willen zur weiteren geistigen Tätigkeit. Dies ist der Beweis, zu welcher Kraft der menschliche Geist imstande ist, wenn der Körper nicht mehr beherrschbar ist. In der Zeit seiner Professur an der Universität in Weimar zeigte sich diese innere Stärke des Geistes. Schiller ist ein wesentlicher Teil unseres deutschen Kulturgutes, ein Baustein unseres Lebens. Mögen seine humanistischen Gedanken heute wieder zum Vorschein kommen.

Was heißt und zu welchem Ende studiert man Universalgeschichte?

Seite 1002

Für Schiller ist es eine ehrenvolle Aufgabe, dass große Feld der allgemeinen Geschichte in seinen Vorlesungen zu veranschaulichen. Bei dem Anblick so vieler vortrefflicher Studenten bereitet ihm diese Pflicht ein besonderes Vergnügen. Was hat der Mensch schon Größeres zu geben als die Wahrheit. Diese Aussage zeigt den hohen Stellenwert der Wahrheit bei Friedrich Schiller. Das Gebiet der Geschichte ist unermesslich weit umfassend. Die ganze moralische Welt ist in ihr enthalten. Geschichte ist Unterricht und gibt uns Aufschluss über gesellschaftliche Kausalitäten. Mit ihren reichen Quellen bereitet sie uns ein besonderes Vergnügen. Durch alle Zustände, die der Mensch erlebte, ist sie sein ständiger Begleiter. Sie legt Rechenschaft ab über das bisherige praktische Handeln der Menschen. Allen hat sie etwas zu sagen und ist mit der Entwicklung eines jeden eng verknüpft. Doch bevor Schiller die Vorlesungen abhalten kann, um die Erwartungen von diesem Gegenstand genau bestimmen zu können, ist es notwendig, sich über den Zweck dieser Studien klar zu werden. Dies sei wichtig, um die künftige akademische Verbindung eröffnen zu können.

Der Studienplan eines Brotgelehrten unterscheidet sich von dem, wo sich ein philosophischer Kopf vorzeichnet. In seinem Fleiß geht es ihm nur darum, die Bedingungen zu erfüllen, die seinem Amt entsprechen und sich dessen Vorteile zu bemächtigen. Seinen Geist setzt er nur in Bewegung, um seinen sinnlichen Zustand zu verbessern und seine kleinliche Ruhmsucht zu befriedigen. So sondert er sich sorgfältig von denen ab, die ihren Kopf nur als Geist gebrauchen. Hat er in seiner akademischen Laufbahn sich dann fähig gemacht und glaubt, alles getan zu haben, hat er das Ziel seiner Wünsche erreicht. Seine größte Angelegenheit ist es nun, seine zusammen gehäuften Gedächtnisschätze zur Schau zu stellen und immer dafür zu sorgen, dass sie nicht in ihrem Wert sinken. Jede Erweiterung seiner Brotwissenschaft beunruhigt ihn, da es neue Arbeit bedeutet oder sogar das Vergangene unnütz machen könnte. Eine Gefahr, die seine ganze Tätigkeit seines vorigen Lebens zunichtemacht. Solche Brotgelehrten halten den Fortgang nützlicher Revolutionen im Reich des Wissens am meisten auf. Den Lohn sucht er nicht in seinen Gedankenschätzen, sondern er erwartet fremde Anerkennung, Ehrenstellen und eine Versorgung. Erreicht er dieses Ziel nicht, ist er der unglücklichste Mensch auf Erden. Er hat umsonst gelebt, gearbeitet und geforscht, da es sich nicht in Gold, Zeitungslob und Fürstengunst verwandelt. Es ist ein beklagenswerter Mensch, der nichts Höheres will als ein schlechter Tagelöhner.

<u>Friedrich Schiller teilt die Akademiker in drei Kategorien ein</u>
Brotgelehrte = Sucht nur Anerkennung
Genie = Lässt sich unterdrücken, will aber mehr
Philosoph = Er entwickelt und strebt vorwärts

<u>Seite 1003</u>
Noch beklagenswerter ist jedoch der junge Mann von Genie, der sich durch schädliche Lehren und Muster verleiten und auf traurigen Abwegen lenken ließ. Er hat sich überreden lassen, für seinen künftigen Beruf mit kümmerlicher Genauigkeit alles zu sammeln. Dieses Stückwerk seiner Berufswissenschaft wird ihn bald anekeln. Es werden Wünsche in ihm wach, die er nicht mehr befriedigen kann. Sein Genie wird sich dann gegen seine Bestimmung auflehnen. Er sieht keinen Zweck mehr in seinem Wirken und fühlt sich herausgerissen aus dem Zusam-

menhang der Dinge, da er es unterlassen hat, seine Tätigkeit an das große Ganze anzuschließen. Der Rechtsgelehrte hat Zweifel an seiner Rechtswissenschaft, sobald etwas Besseres sein Gebiet beleuchtet. Beim Arzt entzweit sich sein Beruf, sobald Fehlschläge die Unzuverlässigkeit seiner Systeme sichtbar werden. Der Theologe verliert die Achtung vor sich selbst, sobald sein Glaube an die Unfehlbarkeit seines Lehrgebäudes anfängt zu wanken.

Ganz anders verhält sich der philosophische Kopf. Er ist bestrebt, sein Gebiet zu erweitern und Verbindungen mit anderen wieder herzustellen. Mit seinem Verstand hat er begriffen, dass alles ineinandergreift. Seine Bestrebungen sind auf die Vollendung seines Wissens gerichtet, dass sich seine Begriffe in ein harmonisches Ganzes ordnen lässt. Der philosophische Geist ist entzückt von neuen Entdeckungen, die vielleicht seine Lücken im Wissen schließen. Schritt für Schritt geht er in sein Ideengebäude vor, bis er in der Lage ist, es zu vollenden. Sollte etwas nicht in seine Gedankenreihe passen oder sie umstürzen, wie bei einer neuen Naturerscheinung oder neu entdeckte Gesetze in der menschlichen Gesellschaft, so ist er bereit, die alte mangelhafte Form mit der neuartigen zu ersetzen. Er selbst ist es, wo sein Trieb Unbefriedigtes auseinanderlegt, um es vollkommener wieder herzustellen. Seine Tätigkeit muss an das große und ganze der Welt anschließen. Selbst das Kleinste gewinnt bei ihm an Größe, da er immer das Große im Auge hat.

Muss ich diese Schilderung noch weiterführen, oder haben Sie sich entschieden, von welchem von den beiden sie sich zum Muster nehmen wollen? Von dieser Wahl hängt es für sie ab, ob ihnen das Studium der Universalgeschichte empfohlen oder erlassen werden kann. Da wir uns nun einig sind, aus welchem der Wert einer Wissenschaft zu bestimmen ist, können wir uns mit dem Begriff der Universalgeschichte, was der Gegenstand der heutigen Vorlesung ist, nähern. Die Entdeckungen der europäischen Seefahrer in fernen Meeren zeigten uns Völkerschaften auf den mannigfaltigsten Stufen der Bildung. Völkerstämme, die noch wie die Wilden leben und ums überleben mit den Tieren kämpfen müssen. Eine weiße Hand hat uns diese rohen Stämme bis auf den Zeitpunkt aufgespart, um von dieser Entdeckung eine nützliche Anwendung auf uns selbst machen zu können. Es ist jedoch nicht die erste Stufe der Menschheit, sondern wir fingen noch verächtlicher an. Heute finden wir die Völker schon als einen politischen Körper vor. Der Mensch hat sich erst durch eine außerordentliche Anstrengung zur politischen Gesellschaft erhoben.

Seite 1004

Die Reisebeschreibungen erzählen uns von vielen Wilden. Die Menschen waren noch so primitiv, wo man weder von Eisen, einen Pflug bis hin zum Eigentum keine Kenntnis hatte. Den Krieg und das Fleisch des überwundenen Feindes fand man hingegen bei allen vor. Bei anderen Völkern, die schon eine höhere Stufe der Bildung erklommen hatten, zeigten Knechtschaft und Despotismus ein schauderhaftes Bild, wie zum Beispiel auf den afrikanischen Kontinent. So sehr dort die Sklaverei, die Dummheit und der Aberglaube die Menschen niederbeugte, so elend ist es hier durch das andere Extrem gesetzloser Freiheit. Er ist immer zum Angriff und zur Verteidigung gerüstet. Alles was neu ist, ist sein Feind. Er kennt keinen Herd und kein Strafrecht. Aber selbst da, wo sich der Mensch von seiner feindseligen Einsamkeit zur Gesellschaft entwickelte, so abenteuerlich und ungeheuer zeigt er sich unseren Augen. So waren wir. Selbst Caesar und Tacitus vor achtzehnhundert Jahren fanden uns nicht besser. Wo steht der Mensch aber jetzt. Schauen wir uns das Zeitalter an, worin wir heute leben, bei der gegenwärtigen Gestalt der Welt, die wir bewohnen. Der menschliche Fleiß hat sich die Teile der Natur angeeignet und gestaltet sie um. Durch den Handel mit Übersee aus Asien und dem Orient wird vieles Nützliche für die Menschen in Europa eingeführt. Ein heiterer Himmel lacht jetzt über Germaniens Wälder. Am Rhein erheben sich volkreiche Städte und der Genuss und die Arbeit bestimmen unser Leben. Hier finden wir die Menschen in seines Erwerbs friedlichen Besitz. Der Mensch hat sich Gesetze geschaffen, um ein besseres Leben führen zu können. Die Gleichheit hat er durch die Gesetze wieder gewonnen, mit den Waffen des Krieges schützt er sein Gebiet und das Gesetz wacht über sein Eigentum. Der menschliche Geist, sein Erfindungsgeist, gab ihm neue Flügel und der Fleiß hat neue Räume geschaffen. So ist er mit den Gesetzen auch sanfter geworden. Er hat einen großen Schritt zur Veredelung gemacht, da die Gesetze tugendhaft sind, wenn auch gleich noch nicht die Menschen. Trotz dieser Entwicklung haben sich einige manche barbarische Überreste gehalten und die Geburten des Zufalls und der Gewalt konnten das Zeitalter der Vernunft nicht verewigen. Aber wie viel Zweckmäßigkeit hat der menschliche Verstand diesem barbarischen Nachlass gegeben? Es umzustürzen, das wagte er nicht. Auf rohem Grund der Lehen-Anarchie führte Deutschland das System seiner politischen und kirchlichen Freiheit ein. Das Schattenbild des Imperators leistete der Welt unendlich mehr Gutes durch sein nützliches Staatssystem der Eintracht als sein schreckhaftes Urbild im alten Rom. Selbst unsere Religion, die zwar entstellt wurde durch untreue Hände, durch welche sie uns überliefert ist. Wer kann schon hier den veredelten Einfluss der besseren Philosophie verkennen? Leibniz und Locke machten sich um das Dogma und um die

Moral des Christentums ebenso verdient wie der Pinsel eines Raffael und Corregio um die heilige Geschichte. Endlich sind nun unsere Staaten ineinander verschlungen. Der Frieden wird gehütet und die Selbstliebe zum Vaterland setzt ihn zum Wächter über den Wohlstand des anderen. Die europäische Staatengemeinschaft scheint nun in eine große Familie verwandelt zu sein.

Seite 1005

Man kann sich zwar anfeinden, aber hoffentlich nicht mehr zerfleischen. All diese Erfahrungen und Schöpfungen der Vernunft sind in wenigen Jahrtausenden von Menschen entwickelt worden. Es ist ein Riesenwerk des Fleißes. Was sind aber die Ursachen und welche Zustände hat der Mensch durchwandern müssen, um zu solch einem großen Werk zu gelangen? Wie war es möglich, dass er sich vom geselligen Höhlenbewohner zum gebildeten Weltmann entwickeln konnte? Die allgemeine Weltgeschichte gibt eine Antwort auf diese Frage. Die verschiedenen Zeiträume geben uns ein unterschiedliches Bild. Dasselbe Bild ergibt sich, wenn wir auf die verschiedenen Länder blicken. Es bietet eine ungeheure Mannigfaltigkeit in den Gebräuchen, Verfassungen und ihren Sitten, aber auch ein rascher Wechsel von Anarchie, Ordnung, Glückseligkeit und Elend. Warum und weshalb es solche Unterschiede gegeben hat, das löst die Universalgeschichte. Schon allein die Religion der Christen musste durch viele Revolutionen gehen. Die wachsenden Reichtümer des Klerus, die Unwissenheit der Völker und durch die Schwäche ihrer Beherrscher, wurde sie verführt und begünstigt, ihr Ansehen missbraucht, um es durch ihre Gewissensmacht in ein weltliches Schwert umzuwandeln. Diese ganze Gräuel auf das Menschengeschlecht, die überhandnehmende Sittenverderbnis und der des geistlichen Despotismus schreiende Skandal musste dazu führen, dies alles zum Abfall zu geben. Die Städte in Italien und Deutschland waren gezwungen, sich zu erheben, die Ketten der Leibeigenschaft mussten gebrochen werden, den Tyrannen der Richterstab aus den Händen gerissen werden und eine kriegerische Hansa hat sich damit in Achtung setzen müssen. Aus dem geistlichen und weltlichen Zwang musste unser Geist aus der Unwissenheit heraustreten. Ein Ersatz musste gefunden werden gegen das unerträgliche Elend der Barbarei. Durch die verheerenden Seuchen war es notwendig, dass die verirrte Heilkunst zur Betrachtung der Natur zurückkehrte. Viele Kriege sind geführt worden und viele Bündnisse hat man geknüpft, um Europa zu einem Friedensgrundsatz zu bewegen.

Seite 1006

Es zieht sich eine unzählig lange Kette von den heutigen Gegebenheiten bis zum Anfang des Menschengeschlechts, wo Ursache und Wirkung ineinandergreifen. Überschauen kann das Ganze nur der unendliche Verstand, den Menschen sind hier engere Grenzen gesetzt. Viele dieser Ereignisse haben keinen Zeugen oder sind festgehalten worden. Die Quelle aller Geschichte ist die Tradition und das Organ der Tradition ist die Sprache. Die ganze Epoche vor der Sprache ist für die Weltgeschichte verloren gegangen. Mit der Sprache war der Mensch jetzt in der Lage, geschehene Dinge auszudrücken und anderen mitzuteilen. Die Schrift selbst ist nicht unvergänglich. Nur wenige Trümmer haben sich aus der Vorwelt in die Ära der Buchdruckerkunst gerettet. Bei dem wenigen, welches die Zeit verschonte, wurde die größere Anzahl durch die Leidenschaft, den Unverstand und oft selbst durch das Genie ihrer Beschreiber verunstaltet und unkennbar gemacht. Das lässt in uns einen Zweifel bei dem ältesten historischen Denkmal hervorrufen. Dieses Misstrauen verlässt uns noch nicht einmal bei einer Chronik des heutigen Tages. Wenn sich heute irgendeine Begebenheit ereignet, muss man aus den widersprechenden Berichten der Zeugen mit Mühe die Wahrheit enträtseln. Alle Ereignisse, die nach allen bisher geschehenen Abzügen zurückbleiben, ist der Stoff der Geschichte im weitesten Sinne. Aber was und wie viel gehört nun von diesem historischen Stoff der Universalgeschichte an?

Der Universalhistoriker hebt aus den geschichtlichen Abläufen das Wesentliche heraus, welche auf die heutige Welt und deren Zustand der jetzt lebenden Generationen einen erheblichen und leicht zu verfolgenden Einfluss gehabt hat. Es muss dabei das Verhältnis eines historischen Datums zur heutigen Gegebenheit beachtet werden, um Materialien für die Weltgeschichte sammeln zu können. Die Weltgeschichte geht von dem Prinzip aus, das dem Anfang der Welt entgegensteht. Mann verfolgt die Dinge vom Ursprung bis zu ihrer neuesten Ordnung. Der Universalhistoriker macht es umgekehrt. Die einzelnen Etappen geben ihm Aufschluss über die nächstfolgenden. Ist er bei der Ursache angekommen, verfolgt er die Kette wieder bis zu dem neuesten Zeitalter zurück. Das ist nun die Weltgeschichte, die wir vorzutragen haben. Die Weltgeschichte ist von ihren Quellen abhängig. Man stellt dabei fest, dass in ihr etliche Lücken vorhanden sind. So notwendig sich die Veränderungen der Welt auch entwickeln, so zufällig werden sie in der Geschichte ineinander gefügt sein. Daher ist zwischen dem Ganzen der Welt und dem Ganzen der Weltgeschichte ein merkliches Missverhältnis sichtbar. Es kann geschehen, dass der Zusammenhang einer historischen Weltbegebenheit mit dem Zustand des laufenden Jahres einem früher ins Auge fällt als die Verbindung mit bestimmten Ereignissen. So ist es ebenfalls unvermeidlich, dass sich Begebenheiten eines konkreten geschichtlichen Abschnittes mit dem neuesten Zeitalter aufs Genaueste binden, für uns nicht selten als isoliert erscheinen. Ein Beispiel dieser Art wäre das Christentum und die christliche Sittenlehre. Die christliche Religion nimmt in der heutigen Zeit einen großen Platz ein, sodass ihre Erscheinung ein wichtiges Faktum für die Weltgeschichte darstellt. Trotzdem ergibt sich kein befriedigender Erklärungsgrund ihrer Erscheinung aufgrund mangelnder Quellen. An diesem Beispiel würde unsere Weltgeschichte nichts anderes als ein Aggregat von Bruchstücken sein, welches nicht den Namen der Wissenschaft verdienen würde. An dieser Stelle kommt der philosophische Verstand zur Hilfe. Er verkettet diese Bruchstücke durch künstliche Bindungsglieder und erhebt sie damit zu einem System, welches ein vernünftiges zusammenhängendes Ganzes darstellt. Diese Möglichkeit ist gegeben, da historische Ereignisse unter ähnlichen Bestimmungen in der neuesten Zeit wiederkehren. Daraus können dann bestimmte Schlüsse gezogen werden. Die Methode der Analogie stellt hier ein wichtiges Hilfsmittel dar.

Seite 1007

Jederzeit ist der philosophische Geist bestrebt, nach den nächsten Übereinstimmungen zu suchen. Führt es immer mehr zum Erfolg, das Vergangene mit den Gegenwärtigen zu verbinden, um so stärker ist er geneigt, was er als Ursache und Wirkung ineinandergreifen sieht, als Mittel und Absicht zu verbinden. Eine Erscheinung nach der anderen fängt an, sich als ein übereinstimmendes Ganzes zu entwickeln. Jedes passende Glied wird in die beobachtende Kette eingefügt. Er wendet es hin und her, ob auch alle Glieder der Kette passen. Man bringt so Ordnung in die Dinge, die ihm zu einen vernünftigen

Zweck in den Gang der Welt führt. Dann durchwandert er das Ganze noch einmal mit prüfendem Blick bei jeder Erscheinung, die sich ihm bietet. Bei dieser Handlungsweise werden viele Dinge bestätigt und ebenso viele andere widerlegt. Solange aber in der Reihe der Weltveränderungen noch wichtige Bindungsglieder fehlen, erklärt er die Frage für Unentschieden, wo letztendlich diejenige Meinung siegt, welche den Verstand die höhere Befriedigung bietet. Es bedarf keiner Erinnerung, dass die Weltgeschichte nach Letzteren genannten in den folgenden Zeiten erst zu erwarten ist. Aber schon der Stille Hinblick auf dieses mögliche Ziel spornt den Forscher zu mehr Fleiß an und gib ihn eine süße Erholung. Bereits die kleinsten Bemühungen sind für ihn wichtig, um das Problem der Weltordnung auflösen zu können, damit man den höchsten Geist in seiner schönsten Wirkung zu begegnen hofft.

Mit dieser Herangehensweise wird das Studium der Weltgeschichte eine ebenso anziehende als auch eine nützliche Beschäftigung werden. Es entwöhnt den Geist von der gemeinen und kleinlichen Ansicht moralischer Dinge und verbessert die vorschnellen Entscheidungen und die beschränkten Urteile der Selbstsucht. Sie gewöhnt die Gemüter daran, in die ferne Zukunft voraus zu eilen und führt damit das Individuum unvermerkt in die Gattung hinüber. Der Mensch verändert sich und mit ihm seine Meinung. Die stille Hand der Natur, die die Kräfte des Menschen planvoll entwickelt, stellt den wahren Maßstab für Glückseligkeit und Verdienst wieder her, den der herrschende Wahn in jedem Jahrhundert stetig verfälschte. Aus der Geschichte lernen wir, den Wert auf jene Güter zu legen, die durch schwere Arbeit vieler Generationen erst errungen werden mussten. Ein edles Verlangen wird in uns entfacht, um zu dem reichen Vermächtnis von Wahrheit, Sittlichkeit und Freiheit zu gelangen. Der Mensch festigt damit sein Dasein auf Erden. So verschieden auch die Bestimmungen in der bürgerlichen Gesellschaft sein mögen, können wir alle etwas dazu beisteuern.

Literaturverzeichnis

Autorenkollektiv: Rationell studieren. Ratschläge für neuimmatrikulierte Direkstudenten an den Hochschulen der DDR. 11. neubearbeitete Auflage, Berlin: Ministerium für Hoch- und Fachschulwesen 1987

B. M. Teplow: Psychologie. Auflage 21. bis 40. Tausend, Berlin: Volk und Wissen Volkseigener Verlag 1953

Günter Clauß / Helmut Kulka / Joachim Lompscher / Hans-Dieter Rösler / Klaus-Peter Timpe / Gisela Vorwerg: Wörterbuch der Psychologie. 2. unveränderte Auflage, Leipzig: VEB Bibliographisches Institut 1978

H. Smitmans: Studieren-Aber Wie?. 3. Auflage, 41. bis 60. Tausend, Berlin: Verlag Tribüne 1969

Herausgeberkollektiv, Heinrich Opitz / Hans Steußloff (Hg.) Philosophisches Lesebuch - Band 2. Berlin: Dietz Verlag 1988

Schillers sämmtliche Werke in Einem Bande - 2. Band. Stuttgart und Tübingen: J. G. Cotta''scher Verlag 1840

Bisher erschienen

Karsten Demant: Exzerpt über Cicero's drei Bücher Von den Pflichten, BoD - Books on Demand, Norderstedt 2021

Karsten Demant: Exzerpt über Schillers Antrittsvorlesung an der Universität in Jena 1789, BoD - Books on Demand, Norderstedt 2021 (E-Book)

Karsten Demant: Montesquieu und seine Staatstheorie im Geist der Gesetze (Exzerpt) - Mit einen kleinen Exkurs der Gewaltenteilungslehre, Bod - Books on Demand, Norderstedt 2021